"Das Schüler-lieder-buch!"

Was im Kopf passiert

EIN LERNRATGEBER FÜR EINE GLÜCKLICHE SCHULZEIT

Ruth Meinhart

GEDANKEN
SPRUNG
VERLAG

INHALT

Teil 2
DENKTYPEN 69

Teil 3
ÜBUNGEN ZUM WAHRNEHMUNGSTRAINING 93

Teil 6

WISSEN LERNTYPENGERECHT VERMITTELN 133

Teil 7

SCHLUSSGEDANKEN 195

DIE SCHULE DER TIERE

Es gab einmal eine Zeit, da hatten die Tiere eine eigene Schule. Der Unterricht bestand aus Rennen, Klettern, Fliegen und Schwimmen und alle Tiere wurden in allen Fächern unterrichtet.

Die Ente war gut im Schwimmen, besser sogar als ihr Lehrer. Im Fliegen war sie durchschnittlich, aber im Rennen war sie ein ganz besonders hoffnungsloser Fall. Da sie in diesem Fach so schlechte Noten hatte, musste sie nachsitzen und den Schwimmunterricht ausfallen lassen, um das Rennen zu üben. Das tat sie solange, bis sie auch im Schwimmen nur noch durchschnittlich war. Durchschnittsnoten aber waren akzeptabel, deshalb machte sich niemand Gedanken darum, außer der Ente. Der Adler wurde als schwieriger Schüler angesehen. Zwar schlug er in der Kletterstunde alle anderen darin, als Erster den Wipfel des Baumes zu erreichen. Jedoch wurde er unnachsichtig und streng gemaßregelt, da er darauf bestand, seine eigene Methode anzuwenden. Das Kaninchen war anfänglich im Laufen an der Spitze der Klasse. Dann bekam es wegen des vielen Nachhilfeunterrichts im Schwimmen einen Nervenzusammenbruch und musste von der Schule abgehen. Das Pferd gab sich beim Klettern besondere Mühe. Es war nämlich schon beim Flugunterricht unangenehm aufgefallen. Im Fliegen hätte es beinahe eine Fünf bekommen und sollte jetzt Nachhilfeunterricht nehmen. Das Eichhörnchen war Klassenbester im Klettern, aber sein Fluglehrer ließ es seine Flugstunde am Boden beginnen, anstatt vom Baumwipfel hinunter. Es bekam Muskelkater durch Überanstrengung bei den Startübungen und immer mehr Dreier im Klettern und Fünfer im Rennen. Die Präriehunde waren der Meinung, dass man Buddeln auf jeden Fall in der Schule lernen müsse. Als die Schulbehörde es ablehnte, Buddeln zu einem neuen Unterrichtsfach zu machen, gaben sie die Jungen zum Dachs in die Lehre.

Am Ende des Schuljahres hielt ein etwas seltsamer Aal, der gut schwimmen, etwas rennen, wenig klettern und sogar ein bisschen fliegen konnte, als bester Schüler die Abschlussrede.

Frei nach unbekanntem Verfasser

Zeugnis:
Klettern: Note 3
Schwimmen: Note 6
Rennen: Note 5
Fliegen: Note 3

VORWORT

Über Freude am Lernen schaffen wir unseren Kindern die beste Voraussetzung für ein erfolgreiches Leben. Deshalb müssen wir dem Nachwuchs im Denken und Lernen Raum für individuelle Bedürfnisse und Möglichkeiten schaffen. Nein, nicht „Laissez-Faire" ist das Ziel, sondern die akribische Analyse des jeweiligen Lernverhaltens, welche zu individuell gezielter Anleitung und Förderung führt. Kaum jemand wird diesen Postulaten offen widersprechen. Dennoch steht zu vermuten, dass viele unter uns Zweifel haben, ob sich diese vermeintlich hehren Vorsätze im Alltag der Erziehungsarbeit oder des Schulbetriebes umsetzen lassen. Zu optimistisch, weil zu kompliziert, meinen Sie? Kein Lehrer und keine Erzieherin kann sein didaktisches Vorgehen auf jedes einzelne Kind spezifisch einstellen? Wieso nicht? Im Zusammenspiel mit den Eltern kann dies funktionieren. Ich biete in diesem Buch Lösungen an, die ich selbst lange Zeit erfolgreich erprobt habe.

Beginnen wir mit einem Blick auf die heute zumeist geübte Praxis. Die gegenwärtige Schulkultur fokussiert auf die vorgegebenen Lerninhalte und wendet große Mühe dafür auf, die Defizite, welche die Kinder diesbezüglich aufweisen, auszugleichen. Fakten sind häufig wichtiger als individuelle Lernerfahrungen, Noten zählen mehr als das jeweilige Kind in seiner Einzigartigkeit. Dabei hat jeder Lehrer seine eigenen Strategien und Methoden entwickelt, den Lernstoff auf die eine oder andere Art den Kindern zu vermitteln. Obendrein hat jedes Elternteil seine eigenen Vorstellungen darüber, wie Bildung in die Köpfe der Kinder hineinkommen soll. Leider sind die Vorstellungen der Eltern und die der Lehrer nicht immer miteinander verträglich und es kommt nicht selten zu verbalen Auseinandersetzungen, mit süffisanter, aber auch erschreckend intoleranter Polemik. Es genügt, die Titel einschlägiger Bücher wie das „Lehrerhasserbuch" oder das „Elternhasserbuch" als die postwendende Antwort auf das

***

erstgenannte auf sich wirken zu lassen, um die verfeindeten Lager in Sachen Bildung zu erkennen. Ob eine dermaßen mit Vorwürfen gespickte Aufforderung zum Kampf tatsächlich gewinnbringend ist, wage ich zu bezweifeln. Leidtragende sind die Schüler.

Der Untertitel des Buches lautet daher „Das Schülerlieberbuch". Es richtet sich somit an Menschen, welche Schüler lieben und ihnen Freude am Lernen und am Entwickeln ihrer Denkfähigkeit vermitteln möchten. Entstanden aus der Liebe zum Kind und seiner Einzigartigkeit soll es Anregungen und Hilfe für Eltern, aber auch für Lehrer oder Erzieher geben. Ausgehend von jüngeren Erkenntnissen zur Entwicklung des kindlichen Gehirns und seiner Denkstrukturen, biete ich Tipps und Tricks an, welche die individuellen Lernleistungen fördern. Auch ich habe das Denken nicht neu erfunden und kein Allheilmittel für einen optimalen Unterricht im Angebot. Aber ich gebe Denkanstöße und Hinweise, wie es abseits eingefahrener Wege gehen kann.

Haben Sie sich nicht auch schon einmal gefragt, wieso bei dem einen Kind die Lösung einer Aufgabe aus dem Einmaleins nach kurzer Denkzeit wie aus der Pistole geschossen kommt, während ein anderes Kind die Finger zur Hilfe nimmt und eine längere Rechenzeit braucht? Wie kann es sein, dass das an der Tafel geschriebene Wort IGEL von einigen Kindern beim Senken des Kopfes in Richtung Heft zum Wort IEGEL konvertiert und auch so niedergeschrieben wird? Es sind doch nur 4 Buchstaben und man sollte meinen, diese seien für jeden Zweitklässler einfach im Kopf zu speichern und kurze Zeit später, mit Blick in das eigene Schreibheft, richtig abrufbar. Weit gefehlt – die Frage ist: was passiert in den Köpfen dieser Kinder und was passiert in den Köpfen jener Kinder, die keine Schwierigkeiten beim Abschreiben haben? In den folgenden Kapiteln möchte ich die Hintergründe und Voraussetzungen des Denkens und Lernens beschreiben, auf die verschiedenen Denktypen und ihre Eigenheiten eingehen und Tipps und Tricks aufzeigen, wie das Lernen erleichtert und der Lernstoff gehirngerecht und mit Freude aufbereitet werden kann.

Schlagen Sie dieses Buch jetzt nicht zu, weil Sie fürchten, mit wissenschaftlichen Erkenntnissen aus der Hirn- und Verhaltensforschung, der Pädagogik oder sonstigen beteiligten Disziplinen und einem Schwall an Fachchinesisch bombardiert zu werden. Ich möchte, dass Sie auch als wissenschaftlicher Laie an der Lektüre dieses Buches Ihre Freude haben und zumindest gelegentlich schmunzeln können. Ich habe daher auf den äußeren Rahmen eines wissenschaftlichen Dokumentes verzichtet und eine allgemein verständliche Sprache mit Bildern aus unserem Alltag gewählt. Der akademisch interessierte Leser soll dennoch über Literaturhinweise am Ende dieses Buches Gelegenheit bekommen, sein Hintergrundwissen zu vertiefen.

Teil 1
EINLEITUNG

GRUNDLAGEN DES DENKENS

Viele Menschen haben ein bildliches Gedächtnis und können sich das Aussehen einer anderen Person gut merken. Leider fehlt ihnen manchmal der dazu passende Name. Andere können sich gut an den Namen eines früheren Gesprächspartners erinnern, haben aber Schwierigkeiten, diesen mit dem passenden Gesicht zu verknüpfen. Und es gibt auch Menschen, die sich eher an Stimmungen und Emotionen in Verbindung mit einer anderen Person erinnern, deren Name und Aussehen jedoch schnell vergessen sind. Auch die Art und Weise, in der Zahlen erinnert werden, weist deutliche Unterschiede auf. Nehmen wir als Beispiel das Erinnern von Telefonnummern: Manche erinnern sie als zwei- oder dreistellige Zahlenfolge durch eine innere Stimme. Andere hingegen sehen die Zahl als Ziffernfolge in einem inneren Bild vor sich und wieder andere erinnern die Bewegungsabfolge beim Eintippen der Zahl in den Zahlenblock des Telefons.

Wenn man Erwachsene bei Aktivitäten beobachtet, die Konzentration erfordern, kann man ebenfalls mehrere Typen erkennen. Bleiben wir beim Telefonieren:

- Da ist zum einen der Wanderer, der mit dem Hörer in der Hand durch die Räume geht und dabei konzentriert spricht.
- Zudem gibt es den Künstler, der während des Gesprächs ein wahres zeichnerisches Kunstwerk zu Papier bringt.
- Und es gibt den Krakler, der während des Gesprächs mit einem Stift in der Hand scheinbar sinnlose Strichmuster aufs Papier krakelt, und nachher erkennt, dass er ein wichtiges Dokument „verziert" hat.

Die Frage ist, wieso machen die das und vor allem: hindert sie dies nicht in ihrer Konzentration? Die Antwort ist ein klares „Nein“, wir haben es hier nämlich mit Hilfsstrategien zu tun, welche die Aufmerksamkeit und Merkfähigkeit sogar erhöhen können! Wenn aber Erwachsene solche Hilfsstrategien benutzen, und solche Verhaltensweisen bei Kindern in gleicher Weise beobachtbar und hilfreich sind, warum erlaubt man solche nicht auch Schülern im Unterricht oder bei der Arbeit zu Hause? Ja, ja, ich weiß, wie kann man einem Teil der Klasse erlauben, durch den Saal zu wandern? Dabei würden andere doch gestört. Behalten Sie diesen Gedanken einfach mal im Hinterkopf und fangen wir auf der Suche nach Lösungen bei unseren Möglichkeiten der Informationsaufnahme an.

Ständig überfluten Milliarden von Informationen unsere fünf Sinne und wollen von unserem Gehirn verarbeitet werden. Würden wir die ca. 400 Milliarden Bits, die, in Computersprache ausgedrückt, in jeder Sekunde auf uns einströmen, bewusst wahrnehmen, wären wir nicht lange bei klarem Verstand. Diese Menge ist einfach zu viel, um sie bewusst zu verarbeiten. Wir würden nach kurzer Zeit jegliche Orientierung verlieren und könnten kaum mehr wirklich aktiv am Leben teilnehmen. Also hat uns die Natur mit einem wertvollen Mechanismus ausgestattet, der unser Überleben sichert: Eingehende Informationen werden in „bewusst nützlich“ und „bewusst jetzt nicht nützlich“ gefiltert. Von den 400 Mrd. Bits, die ständig in unser Gehirn einströmen, werden tatsächlich nur 2000 Bits bewusst verarbeitet. Ein Zweihunderttausendstel – wow, das ist nicht viel und mit diesem bisschen sollen wir noch einen klaren Gedanken fassen können, die erste binomische Formel verstehen und uns in einer Fremdsprache zurechtfinden können? Dass wir es können, wissen wir.

Erst diese Filterfunktionen ermöglichen uns die notwendige Konzentration auf die für uns wesentlichen Informationen. Es ist bekannt, dass diese Filter eine körperliche und eine psychologische Komponente haben.

Dass manche Menschen bevorzugt Informationen aufnehmen, die ihnen über die Augen zugänglich gemacht werden, andere lieber solche, die über die Ohren kommen und wieder andere mit vollem Körpereinsatz die Welt im wahrsten Sinne des Wortes begreifen wollen, dürfen wir als überwiegend physiologisch bestimmte Lerntypen begreifen. Was nicht heißen soll, dass nicht Änderungen durch entsprechendes Training möglich sind. Damit sind wir bei einer zentralen Aussage meines Buches angelangt. Da bereits Kinder bestimmten Lerntypen angehören, müssen Lehrer und Erzieher diese Typologie unbedingt kennen, die Typen erkennen und die Kenntnisse nutzbringend anwenden können! Nur so kann über die Art und Weise der Informationszubereitung und -präsentation in frühen Jahren schon ein Grundstein für die spätere schulische Leistung gelegt werden. Unsere Lehr- und Erziehungseinrichtungen dürfen nicht alle Kinder in das gleiche Lernkorsett zwingen!

Und noch etwas gilt es grundsätzlich zu beachten. Es gibt einen enormen Unterschied zwischen dem schnellen, nach außen hin anscheinend wenig strukturierten kindlichen Denken und Lernen von Babys und Kleinkindern und dem sequenziellen, also nacheinander abfolgenden Lernen in Schule und Kindergarten. Wenn man aber die Geschwindigkeit, die kleine Kinder bei ihrem natürlichen Forschen und Entdecken an den Tag legen, mit dem langsamen Lernen in der Schule vergleicht, fragt sich, welches Konzept das effizientere und auch natürlichere ist. Schnelles, natürliches Lernen geschieht nicht sequenziell, an einen bestimmten vorgegebenen Ablauf gekoppelt, in Dosierungseinheiten, die von oben vorgegeben werden. Natürliches Lernen erfolgt, wenn alle Sinneskanäle aktiviert sind, Informationen über alle Sinne angeboten werden und jeder Schüler seinem eigenen Lernrhythmus folgen kann. Aber die Vor- und Nachteile hierzu sollen an anderer Stelle diskutiert werden.

Dieses Buch wird Ihnen zeigen, welche mannigfaltigen Möglichkeiten man beim Denken hat. Sie werden herausfinden, wie Sie selber denken und wie es andere tun. Ich gebe Ihnen meine Erklärung, warum manche Schüler bis zur vierten Klasse super in Mathematik sind und ab dem fünften Schuljahr – als hätte man einen unsichtbaren Schalter umgelegt – die Welt der Zahlen nicht mehr verstehen. Oder warum sich einige Menschen mit der Rechtschreibung schwer tun, obwohl sie üben und üben, bis ihnen irgendwann verständlicherweise die Lust vergeht. Und natürlich gebe ich Ihnen Anleitungen dazu, wie Sie Ihr Denken ändern können, um bestimmte Dinge zu lernen, wenn es Ihnen wichtig ist und wie Sie das Denken der Ihnen anvertrauten Kinder über alle Sinneskanäle schulen.

SPEICHER- UND ERINNERUNGSVORGANG DES DENKENS

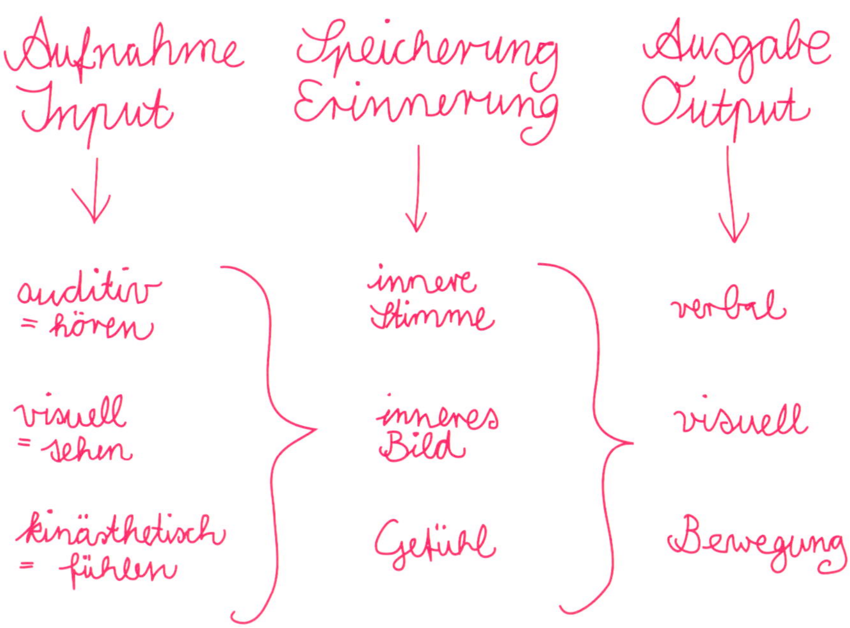

Die Informationsaufnahme erfolgt über die drei Hauptsinne – sehen, hören, fühlen. Der Geruchs- und Geschmackssinn werden dem kinästhetischen Sinn zugeordnet. Viele Menschen glauben, dass das Riechen und das Schmecken gerade beim Lernen eine nur untergeordnete, wenn nicht sogar keine Rolle spielen. Durch das Projekt „Dufte Schule" [1] wurde jedoch beeindruckend aufgezeigt, dass ein angenehmer Duft tatsächlich die Konzentration und Leistungsfähigkeit von Schülern positiv beeinflusst.

Nicht jeder, der eine Melodie oder einen Text gehört hat, kann diesen auch als innere Stimme erinnern. Manch einer wandelt einen auditiven Input direkt in ein inneres Bild oder in ein Gefühl um, die dann erinnert werden können, ohne bewusst auf den eigentlichen auditiven Input zurückgreifen zu können. Andere hingegen können einen einmal gehörten Text mitsamt des ihm eigenen Dialekts original wiedergeben. Es kann auch nicht jeder einen bildlichen Input später als inneres Bild erinnern. Bei manch einem wird ein Bild sofort in eine auditive Sequenz oder ein Gefühl konvertiert. Das erklärt die mittelmäßigen Rechtschreiber, die so schreiben, wie sie sprechen, obwohl sie alle die Wörter doch schon unendlich oft als Wortbild gesehen und abgespeichert haben, aber eben nicht als Wortbild erinnern, sondern als Wortklang. Und es kann nicht jeder die eigene interne Erinnerung exakt nach außen wiedergeben. Wird zum Beispiel ein Bild von Picasso in allen Details erinnert, kann es dennoch nicht in dieser Art perfekt selbst gezeichnet werden. Oder man erinnert genau den Liedtext und wie der Lieblingssänger diesen singt, kann es aber noch lange nicht selbst mit einem Karaoke-Mikrofon umsetzen.

[1] www.dufte-schule.de

Mit dem Lernen und Denken ist es demnach wie mit einer Computersoftware: Man muss das richtige Programm für den richtigen Zweck benutzen. Genauso wie man mit einem Schreibprogramm keine Bilder bearbeiten kann, hat ein Seher Schwierigkeiten mit Hilfe eines inneren Bildes ein Musikstück zu komponieren. Erst wenn man die unterschiedlichen Möglichkeiten des Denkens kennt, kann man anfangen, diese gezielt einzusetzen. Wenn man weiß, wie man seine Wahrnehmung lenken kann, wird das Lernen zum Kinderspiel. Die Art und Weise, wie wir denken, gleicht somit einem Fingerabdruck: Keine zwei Menschen denken genau gleich. Wir alle unterscheiden uns darin, wie wir Informationen aufnehmen, verarbeiten und später wieder abrufen. Aber wenn man sich bewusst macht, wie man was richtig abspeichert, ist plötzlich auch die Rechtschreibung keine Zauberei mehr und manch mathematische Formel bekommt plötzlich einen Sinn.

REPRODUKTIVES UND KREATIVES LERNEN

Lernen kann in zwei Bereiche, das reproduktive und das kreative Lernen, eingeteilt werden. Das reproduktive Lernen bezeichnet die Wiederholung dessen, was andere schon erdacht haben. Es umfasst im Wesentlichen unser Basiswissen: zum Beispiel:

→ *das Einmaleins*
→ *englische Vokabeln*
→ *Definitionen des PH-Werts*
→ *Handstandüberschlag*
→ *ein Weihnachtslied*

Von kreativem Lernen spricht man, wenn aus vorhandenem Wissen neue Erkenntnisse, bislang noch nicht da gewesene Rückschlüsse oder Lösungen gefunden werden. Es wird etwas Neues erdacht – auch wenn es nur für diesen einen denkenden Kopf neu ist, andere Denker schon lange vorher auf die gleiche Lösung gekommen sind.

- *ein neu gemaltes Bild*
- *eine neu komponierte Melodie*
- *ein mathematischer Beweis*
- *eine neue Figur am Schwebebalken*

Was aber ist nun wichtiger, das reproduktive oder das kreative Lernen? Oder haben beide ihre Berechtigung und gibt es da vielleicht eine wichtige Verbindung zwischen ihnen? Albert Einstein hat einmal auf die Frage, wie er denn auf seine berühmten Formeln gekommen ist, geantwortet, er habe sich vorgestellt, auf einem Lichtstrahl zu sitzen und mit Lichtgeschwindigkeit durch das Weltall zu reisen. Dabei habe er sich überlegt, was mit anderen Dingen, die auch durchs Weltall reisen, passiert. Werden sie gedehnt, gestreckt oder was geschieht mit ihnen?

Einstein saß also nicht an seinem Schreibtisch und hat wie wild mit Formeln hantiert, um seine Relativitätstheorie zu erfinden, sondern er hing zunächst seinen Ideen nach und ließ die Gedanken schweifen. Viele würden dies vielleicht als Tagtraum bezeichnen. Vielleicht beim Mittagessen, beim Spazieren oder beim Rasieren im Bad, hat sich der spätere Nobelpreisträger dabei alles in einem Bild überlegt und dann zu Papier und in eine Formel gebracht. Zuerst der Tagtraum und dann die Übertragung in die Wirklichkeit. Sein Vorteil war, dass er seine Ideen aus dem Tagtraum auch in sein Bewusstsein übertragen und dort nutzen konnte. Er hat sich die Freiheit genommen, die vielen Schülern in der Schule durch die Frage nach ständiger geistiger Präsenz mit gutem Blickkontakt – aus ihm ergibt sich oftmals ein Teil der mündlichen Note – im Unterricht leider abgewöhnt wird. Einstein war bekanntlich kein guter Schüler.

DIE ZWEI HAUPTPHASEN DES DENKENS

Aufpassen, sich konzentrieren, voll bei der Sache sein – solche Begriffe verwenden wir, wenn wir über das Lernen nachdenken. Doch das ist zu kurz gedacht. Auch das Abschweifen der Gedanken, bei dem Neues in alte Erfahrungen und bestehendes Wissen integriert wird, gehört zum Lernprozess. Warum ist das so?

Lernen erfordert zunächst Aufmerksamkeit oder Konzentration [2] Aber niemand kann über unbegrenzte Zeit in gleicher Weise konzentriert sein. Zum Lernen gehören Erholungsphasen ebenso dazu wie „Nebengeräusche", denen wir uns nicht nur nicht entziehen können, die ganz im Gegenteil durchaus nützliche Funktion haben können. Diese „Nebengeräusche", also nicht ins Bewusstsein vordringende Sinneswahrnehmungen am Rande unserer Konzentration, können dazu beitragen, dass wir soeben konzentriert aufgenommene Informationen im Kopf mit angenehmen oder nützlichen Bildern, Tönen oder Situationen koppeln und so besser abrufbar speichern.

[2] "Die Konzentrationsfähigkeit ist die Fähigkeit zur gesteuerten (top-down) Zuordnung von geistigen Verarbeitungsressourcen zu äußeren Reizen oder inneren Repräsentationen." Spitzer, Manfred: Vorsicht Bildschirm! Elektronische Medien, Gehirnentwicklung, Gesundheit und Gesellschaft. Stuttgart. Klett, 2005, S. 67 – ISBN 3-12-010170-2

Ein typisches Beispiel liefert die von Eltern so häufig wie unnötig gegeißelte Hintergrundmusik. Wer im Zustand der bewussten Aufmerksamkeit konzentriert arbeitet, kann mitunter sehr gut mit leiser Musik oder dem Geplätscher eines Zimmerbrunnens im Hintergrund arbeiten. Bevor sich nun das erste hämische Grinsen auf jugendlichen Gesichtern breit macht: Auf die Dosis kommt es an! Während bei dem einen die Musik die bewusste Phase aktiviert, kann sie bei dem anderen dazu führen, dass unsere Gedanken abschweifen und wir in die unbewusste Phase driften. Überschreitet die Musik durch Lautstärke oder Präsenz unsere Aufmerksamkeitsschwelle, entführt sie uns in einen Tagtraum und wir wundern uns, wieso alles so lange dauert.

Die beschriebenen Denkphasen werden in der Literatur überwiegend gleichlautend bezeichnet:

- die konzentrierte Denkphase als *bewusste Phase*
- und die kreative Phase als *unbewusste Phase*

Als dritte Phase wird von der Autorin Dawna Markova [3] die Phase der Verwirrung genannt. Ich möchte sie den Moment des Übergangs und der Verknüpfung nennen und sie nicht als eigenständige Phase sehen.

[3] Markova, Dawna: Die Entdeckung des Möglichen : Wie unterschiedlich wir denken, lernen und kommunizieren. Kirchzarten, VAK Verlag, 1993. ISBN 3-924077-45-2

AUFMERKSAMKEITS-PHASEN

Man gilt allgemein als konzentriert, wenn man von außen sichtbar aufmerksam ist, wach wirkt und sich lange mit nur einer Sache beschäftigen kann. Professor Manfred Spitzer erklärt, was in der Konzentration geschieht:

> *„Wenn ich mich auf etwas konzentriere, dann benutze ich gespeicherte, bereits in mir befindliche Strukturen, um meine Wahrnehmungswelt aktiv zu beeinflussen. Ich baue mir sozusagen eine Brille und betrachte ganz bewusst die Welt durch diese Brille."* [4]

[4] Spitzer, Manfred: Vorsicht Bildschirm! : Elektronische Medien, Gehirnentwicklung, Gesundheit und Gesellschaft. Stuttgart. Klett, 2005, S. 81 – ISBN 3-12-010170-2

Zu diesen von Spitzer erwähnten Strukturen zählen unter anderem die Menge und Tiefe des bereits angesprochenen Basiswissens, die individuell mögliche Gehirnleistung ebenso wie ethisch-moralisches Rüstzeug, aber auch unsere aus Erfahrung gebildeten Wertungen, Einstellungen und Stereotypen. Wir wissen, dass diese Strukturen von Mensch zu Mensch unterschiedlich ausgeprägt sind. Nicht umsonst hat jeder schon die Erfahrung gemacht, dass anscheinend eindeutige Sachverhalte völlig unterschiedlich bewertet werden. Wie diese Strukturen in uns angelegt sind, entscheidet sich auch zu einem nicht geringen Teil über die Art und Weise, in der wir bevorzugt Informationen aufnehmen, speichern und verarbeiten.

DIE PHASE DER KONZENTRIERTEN AUFMERKSAMKEIT

Es gibt nachweisbare Verbindungen zwischen der Fähigkeit, sich gut zu konzentrieren und bestimmten Aktivitätsmustern. Daraus lässt sich eine Unterscheidung in drei Typen ableiten, welche ich als Wahrnehmungs- bzw. als Sinnestypen bezeichnen möchte:

→ *KINÄSTHETISCH-BEWUSST* nennen wir ihn, wenn Bewegung im Spiel ist; beim Herumlaufen, Sport, Essen, Basteln

→ *AUDITIV-BEWUSST* heißt derjenige, welcher sich beim Sprechen und Hören, also beim Reden, Singen, Musik hören oder Musik machen am besten konzentrieren kann

→ *VISUELL-BEWUSST* wird er genannt, wenn die begleitenden Tätigkeiten wie Schreiben, Zeichnen, Fernsehen, Lesen sichtbare Ergebnisse oder sichtbaren Input haben

Viele von uns haben im Laufe der Zeit einen dieser drei Grundtypen optimiert. Einige verwenden vielleicht auch zwei, nur wenige können zwischen allen drei Sinnen situationsbedingt wechseln. Für die

Mehrheit bedeutet dies jedoch keineswegs, dass man die schwächer ausgebildeten Sinne nicht auch so gut trainieren kann, dass man sie bewusst und konzentriert einsetzen könnte.

Überlegen Sie einmal kurz, unter welchen Bedingungen Sie sich am besten konzentrieren können und wann Sie eventuell eher aus der Konzentration fallen. Das ist wichtig für das Verständnis des eigenen Denkens und das Verständnis für andere Personen und deren denktypische Eigenschaften. Auch wenn man gerne von sich auf andere schließt, können Sie doch davon ausgehen, dass Sie keinen zweiten Menschen treffen, der genau so denkt, wie Sie selbst. Dies erklärt sich nicht nur aus den drei aufgezeigten Denktypen, sondern hängt wesentlich mit den von Manfred Spitzer erwähnten inneren Strukturen in ihren unzähligen Varianten zusammen.

Die Phase der konzentrierten Aufmerksamkeit dient der Aufnahme und Wiedergabe bereits vorhandenen Wissens. Der Stoff, der von anderen schon vorgearbeitet und weitergegeben wurde, kann reproduziert werden. Man selbst steuert nichts Neues bei. In dieser Phase erwerben wir Basiswissen und eignen uns Grundlagen für eigenes schöpferisches Tun an.

DIE PHASE DES KREATIVEN DENKENS – TAGTRAUM

Percy Bysshe Shelley vergleicht den schöpferischen Geist mit einem Stück fast verloschener Kohle:

> *„Der schöpferische Geist ist wie ein Stück verloschener Kohle, die durch einen unsichtbaren Einfluss, einen plötzlich aufkommenden Wind etwa, kurz zum Aufglühen gebracht wird; der aber erhebt sich im Innern … und die bewussten Anteile in der menschlichen Natur künden weder von seinem Nahen noch von seinem Abzug.“* [5]

Noch vor 100 Jahren ist der Tagtraum von vielen Autoren als abnorme Seelentätigkeit bezeichnet worden. Es ist also im Vergleich zur Menschheitsgeschichte erst kürzlich gewesen, dass der Tagtraum seine wissenschaftlich anerkannte Berechtigung fand, wenngleich er in vielen Schulen und auch Elternhäusern weiterhin als ein unliebsames Ding behandelt wird. Man ist gedanklich nach innen gekehrt, hat oftmals Augen, die durch einen hindurch blicken, ist tagträumend, verliert sich in Gedanken, hat einen leeren Blick in die Ferne und wirkt geistesabwesend. Von außen ist das sehr schön zu beobachten, wenn der Blick eines Kindes starr aus dem Fenster gerichtet ist, obwohl außer Schneefall dort nichts zu sehen ist.

[5] Percy Bysshe Shelley zitiert in: Edwards, Betty: Der Künstler in dir: Intuition und Phantasie methodisch entwickeln – ein Intensivkurs in kreativem Sehen, Denken und Gestalten. Reinbeck. Rohwolt, 1986. ISBN 3-498-01640-7

Dabei ist genau diese Gelöstheit, das Verlassen des stark strukturierten Raumes der Konzentration, das Abschweifen der Gedanken ins Unbewusste, die Voraussetzung für Kreativität. Auch in der kreativen Phase spielen die bereits erwähnten Denkstrukturen eine wesentliche Rolle. Man unterscheidet auch hier nach den überwiegend beteiligten/genutzten Sinnen drei Grundtypen:

→ *VISUELL-UNBEWUSST* nennen wir ihn bei vorwiegend begleitenden Aktivitäten über die Augen: beim Lesen, beim Zeichnen und Malen, beim Beobachten des Sonnenuntergangs, beim Fernsehen

→ *KINÄSTHETISCH-UNBEWUSST* bei überwiegend begleitenden Aktivitäten mit dem Körper: beim Spielen im Freien, wenn man etwas mit seinen Händen tut, wenn man angefasst wird, wenn man ein Tier streichelt

→ *AUDITIV-UNBEWUSST,* wenn sich Kreativität im Gespräch, beim Zuhören, beim Musikhören und Singen, beim Beantworten einer Frage einstellt

Die Phase der schöpferischen Aufmerksamkeit ist für mich die eigentliche Königsphase, in der, aufbauend auf schon vorhandenem Wissen, neues, vorher nicht da gewesenes Wissen entsteht. Diese Phasen des Tagtraumes sind für unsere Denkvorgänge immens wichtig. Die leider noch immer weit verbreitete Ansicht, Kinder sollten in der Schule ununterbrochen konzentriert bei der Sache sein und den Lehrer dabei ansehen, ist aus dieser Sicht ein fataler Fehler. Wenn Albert Einstein angibt, er habe sich vorgestellt, auf einem Lichtstrahl zu reiten und dabei gesehen, was mit anderen Dingen im Weltall passiert, darf man annehmen, dass seine wissenschaftliche Glanzleistung seinen Anfang in einem Tagtraum gehabt haben muss. Dieser wurde dann später in die bewusste Ebene übertragen, was schließlich zur Formulierung logischer wissenschaftlicher Formeln führte. Auch Isaac Newton saß unter einem Apfelbaum, als ihm mit dem Herabfallen eines Apfels sein gedanklicher Geniestreich kam.

Aber was passiert, wenn uns das Zuhören erlahmt und wir in einen Tagtraum abzudriften drohen, wir aber in einer Vorlesung oder bei einem redewütigen Lehrer in der Schule sitzen und konzentriert dabei sein sollten?! – Sie ahnen es, wir aktivieren unbewusst den

Sinneskanal, der uns in der Konzentration hält! Der kinästhetische Typ wird anfangen, mit den Füßen zu wippen oder unruhig auf dem Stuhl hin und her zu rücken, die überwiegend visuell Angelegten werden mitschreiben, aus dem Fenster schauen, auf eine PowerPoint-Präsentation hoffen und so weiter und so fort. All dies sind unbewusste Handlungen, die uns helfen, konzentriert bei der Sache zu bleiben, wenn uns Informationen in einem Kanal angeboten werden, der nicht unser bewusster Kanal ist. Wenn man das weiß, nimmt man manches viel gelassener!

Ich hatte einen kleinen Zweitklässler, der anfänglich im Schnitt sieben Mal während der Stunde aufstand: zum Spitzen, auf die Toilette, Taschentuch in den Mülleimer, Fenster auf, Fenster zu, er hat mir die Tafel geputzt, obwohl ich noch am Zeichnen war – und zusätzlich fiel er noch zwei Mal vom Stuhl. Innerhalb von 45 Minuten suchte er also neun Mal Bewegung, um konzentriert zu sein. Das war ein Kompliment für mich. Er wollte dabei sein und suchte die Aktion, die für ihn wichtig zur Konzentration war: Bewegung, um sich bewusst konzentrieren zu können. Er hätte auch den Tagtraum wählen können, abwesend auf seinem Stuhl sitzen und die Stunde an sich vorbei ziehen lassen können. Mir war seine Wahl lieber. Dennoch habe ich seine Bewegung dann soweit eingeschränkt, dass sie niemand anderen behinderte, ihm selbst jedoch geholfen hat, konzentriert zu sein: Pfeifenreiniger zum Biegen bieten Bewegung und dienen manch einem zur Konzentration, mit Luft gefüllte Sitzkissen aus dem Sanitätshaus oder etwas zu essen oder trinken tun auch ihren Dienst.

Wichtig für das ganzheitliche Denken und Lernen ist also, dass möglichst alle Sinne angesprochen werden und so ein regelmäßiges Eintauchen in alle Aufmerksamkeitsphasen ermöglicht wird. Wenn Wissen in der bewussten Phase reproduziert werden kann und zugleich neue Erkenntnisse in der unbewussten Phase des kreativen Denkens gewonnen werden können, ist eine maximale Denk- und Lernleistung möglich.

Um es mit Manfred Spitzers Worten aufzuzeigen:

> *„Die intersensorische Redundanzhypothese (Lickliter & Bahrick 2004) sagt entsprechend z. B., dass diejenigen Eigenschaften eines Ereignisses, die man sehen, hören und tasten kann, vom Gehirn bevorzugt verarbeitet werden."* [6]

Und wie ist vielerorts der Unterricht? Hör mir zu und schau mich an! Zwei Sinne werden angesprochen, mehr nicht – wo bleibt die Bewegung für die Kinder, die sie brauchen, um sich konzentrieren zu können? Wo wird die Möglichkeit gegeben, auch mal in den Tagtraum abdriften zu dürfen?

Die Schule sollte ein Ort des Sehens, des Hörens, des Sprechens und der Bewegung - nicht nur im Sportunterricht - sein. Und nein, es fangen nicht alle Kinder an, wild lärmend durch die Gegend zu laufen und Unfug zu machen, wenn man ihnen im Rahmen so genannter Freiarbeit erlaubt, während des Unterrichts den Platz zu verlassen. Dafür gibt es zum Glück genügend positive Erfahrungen aus Schulen, in denen dieses schon praktiziert wird. Freiarbeit hat nichts damit zu tun, dass man wild und unkoordiniert durch das Klassenzimmer springt. Es bedeutet, dass die Lernenden frei sind, den Lernstoff selbst in kleine Einheiten einzuteilen und typgerecht zu verinnerlichen. Deshalb müssen auch der Stundeninhalt und die Hausaufgaben so aufbereitet werden, dass alle Sinne angesprochen werden.

Ein kleines Beispiel aus der Mathematik: Um in die Brüche einzuführen, kann man tatsächlich mit einer Tüte Spagetti in den Unterricht kommen und diese vor der Klasse zerbrechen. Das Wort Bruch kommt doch von brechen. Und dann kann man mit der Materie beginnen und die Nudel heraussuchen, die in genau zwei gleich große Hälften gebrochen wurde. [7] Ein Anreiz für alle Sinne: knackendes Brechen der Nudeln, genaues Hinsehen und passende Teile heraussuchen.

[6] Spitzer, Manfred: Vorsicht Bildschirm!: Elektronische Medien, Gehirnentwicklung, Gesundheit und Gesellschaft. Stuttgart. Klett, 2005. S. 77 – ISBN 3-12-010170-2

[7] Wie sagte noch der reichlich frustrierte Mathelehrer: „Zwei Hälften bestehen aus zwei exakt gleich großen Teilen. Das wird die größere Hälfte dieser Klasse nie verstehen!"

KREISLAUF DES DENKENS

Unser Denken ist in verschiedene Aufmerksamkeitsphasen eingeteilt, die von unterschiedlicher Dauer, ein paar Sekunden bis einige Minuten, sein können.

> *„... und erst mit zunehmendem Alter entsteht die Fähigkeit, Handlungen zielgerichtet auszuführen, sich nicht ablenken zu lassen und längerfristige Pläne zu verfolgen. Diese Fähigkeit entwickelt sich mit der Reifung des Frontalhirns ... Dieses ist zwar bei der Geburt schon vorhanden, seine verschiedenen Bereiche werden jedoch erst in Kindheit und Jugend effizient in die zentralnervöse Informationsverarbeitung mit einbezogen. „Jetzt konzentrier´ dich doch mal auf das Essen“, kann man zu einem Kleinkind nicht sagen. Nicht nur, weil es vielleicht manche Worte nicht versteht, sondern vor allem, weil die neuronale Mechanik noch nicht vorhanden ist, die man braucht, um sich zu konzentrieren.“* [8]

[8] Spitzer, Manfred: Vorsicht Bildschirm!: Elektronische Medien, Gehirnentwicklung, Gesundheit und Gesellschaft. Stuttgart. Klett, 2005. S. 82 – ISBN 3-12-010170-2

Zur Konzentrationsspanne von Kindern kann gesagt werden, dass sie in etwa als das Lebensalter des Kindes in Minuten angegeben werden kann. Ein Schulkind von 7 Jahren kann sich somit durchschnittlich 7 Minuten auf eine Sache konzentrieren und taucht dann unweigerlich für einige Zeit – Sekunden, in denen man sich reckt und streckt bis zu mehreren Minuten, in denen man aktiv eine andere Art der Beschäftigung sucht bzw. ein tatsächliches Wegträumen im Sinne von in sich Kehren erfolgt – in den Tagtraum ab.

Gerade in den ersten Schuljahren muss dieses Wissen auch bei Tests berücksichtigt werden: Für mich macht im zweiten Schuljahr ein Diktat mit mehr als 40 Wörtern wenig Sinn. Realistisch und auch genug ist wohl eine Wortmenge von 20 bis 30 Wörtern. Die Zeit der Konzentrationsspanne wird ansonsten überdehnt und die Kinder können schon aus neurobiologischen Gründen nicht mehr konzentriert folgen, weshalb die meisten Fehler gegen Ende des Diktats gemacht werden. Der Sinn und Unsinn eines voll bewerteten unbekannten Diktats in der zweiten Klasse sei dahin gestellt. Als Übung, um etwas Gehörtes in etwas Geschriebenes zu wandeln, ist ein Diktat in der Tat eine gute Vorbereitung. Aber ohne dabei großartig die komplette Rechtschreibung bewerten zu müssen. Es reicht hier in der zweiten Klasse vollkommen, von den Kindern die wichtigsten Regeln der Groß- und Kleinschreibung zu erwarten. Orthografie an sich, besonders bei Wörtern, die anders geschrieben werden, als sie ausgesprochen werden, sollte keine besondere Rolle spielen.

Dabei ist die Konzentrationsspanne mit zunehmendem Lebensalter nicht beliebig ausdehnbar. Sie liegt auch bei Erwachsenen in einem sehr begrenzten Bereich von 10 bis 15 Minuten. Danach wird unweigerlich die Tagtraumphase angesteuert, um neue Informationen zu verarbeiten. Die gute Nachricht: Im Laufe der Zeit lernt man normalerweise, die Tagtraumphase zu verkürzen. Verbleiben kleine Kinder noch lange und ausgiebig in der Tagtraumphase, reichen Erwachsenen nur ein bis zwei Sekunden des gedanklichen Wegdriftens, um dann fast unbemerkt wieder aktiv am Geschehen teilnehmen zu können. Jeder kennt den Moment, bei dem in einer Unterhaltung ein bestimmtes Thema erörtert wird und man für einen kurzen Moment in Gedanken nach Hause driftet und sich überlegt, ob man noch Butter im Kühlschrank hat oder was man am Wochenende macht. Hier reicht ein kurzes Abschweifen von 1 bis 2 Sekunden oder weniger, um sich dann wieder aktiv und konzentriert ans eigentliche Thema zu machen. Wer schon mal längere Zeit Auto gefahren ist, kennt die Situation: Man fährt und fährt, alle Bewegungen sind automatisiert, in Gedanken ist man bei den Kindern oder sonst einer Situation und plötzlich wird man jäh aus dem Tagtraum gerissen mit der Frage: „War die Ampel jetzt rot?!" Man ist leicht verwirrt, muss sich erst orientieren und kann, wenn alles in Ordnung ist, getrost wieder in einen Tagtraum verfallen. 9

Die Herausforderung in einer Schulklasse ist nun, dass natürlich nicht alle Kinder zur gleichen Zeit konzentriert oder im Tagtraum sind. Der eine so, der andere so. Der Lehrer sollte Dirigent in der Klasse sein und genau wissen, welches Instrument er wann einsetzt und welches Kind wann eine wirklich wichtige Pause benötigt.

9 Sagen Sie das mit dem Tagtraum bloß nie Ihrer KFZ-Versicherung!

siehe hierzu die Abbildung auf der nächsten Doppelseite ←

Wichtig ist natürlich, in der Phase des konzentrierten Denkens auch Zugang zu den Erkenntnissen, die in einem Tagtraum entstanden sind, zu bekommen. Sonst ist und bleibt man tatsächlich ein Tagträumer, der ständig in großer Verwirrung lebt, weil bei ihm Konzentration und Tagtraum zwei völlig unterschiedliche Welten ohne Verbindung sind.

Konzentration
wach, fokussiert
Reproduktion
Konzentrationsphase bei kleinen Kindern = Alter in Minuten!
Tagtraum
geistig abwesend
Kreativität
Tagtraum ist bei Kindern erheblich länger als bei Erwachsenen

RICHTIG DENKEN UND LERNEN – DAS GEHIRN OPTIMAL NUTZEN

Zum Denken und Erinnern werden alle wichtigen Informationen über unsere Sinne gesammelt und an unser Gehirn zur Verwertung weitergeleitet. Hier wird sortiert, welche Informationen so wichtig sind, dass sie in unser Bewusstsein gelangen und welche Informationen besser im Unbewussten platziert sind.

Eingehende Informationen werden mit schon gespeichertem Wissen abgeglichen, Rückschlüsse werden gezogen, neue Dinge erfunden und alles irgendwie abgespeichert. Und das Ganze findet auf so kleinem Raum wie unserem Gehirn statt. Dabei ist das Gehirn anatomisch in zwei Bereiche, die rechte und linke Gehirnhemisphäre, aufgeteilt, die mit einer weißen Hirnmasse, auch Balken genannt, verbunden sind.

Wie in der folgenden Skizze aufgezeichnet, gibt es eine Aufgabenverteilung zwischen der rechten und linken Hirnhälfte. Dies ist nur eine sehr einfache und bei Weitem nicht der Realität entsprechende Abbildung über den Aufbau des Gehirns, welche jedoch ausreicht, die unterschiedlichen Aufgaben in etwa erklären zu können:

→ während die rechte Gehirnhälfte mehr im kreativ-musischen Bereich arbeitet und dabei zeit- und regellos fungiert, nonverbal, intuitiv und spontan ist und die linke Körperseite bewegt
→ ist die linke Gehirnhälfte für den logisch-analytischen Bereich zuständig und stets darauf bedacht, sich an Regeln zu halten, funktioniert dabei verbal, rational und sequenziell gesteuert und bewegt die rechte Körperhälfte.

Jedoch ist das Gehirn kein statisches Gebilde, keine starre Hardware, wie der Computer sie besitzt. Es ist sogar sehr flexibel. Ständig werden neue, nützliche Verbindungen geschaffen und alte, nicht mehr gebrauchte abgebaut. Ja, es kommt sogar vor, dass eine Gehirnhälfte die Aufgaben der anderen komplett übernimmt, wie der Fall eines kleines Mädchens beweist, das im Alter von 3 Jahren eine Gehirnhälfte entfernt bekam und dennoch ein weitgehend normales, sogar zweisprachiges Leben führt, obwohl das Sprachzentrum entfernt wurde. [10] Mehr hierzu in der wunderbaren Reihe des Bayerischen Rundfunks br-alpha, dem Bildungskanal des Bayerischen Rundfunks.

[10] Gehirnforschung mit Manfred Spitzer: Geist und Gehirn: Folge 1: Ein halbes Gehirn http:// www.br-online.de/alpha/geistundgehirn – (Stand 22.01.2008)

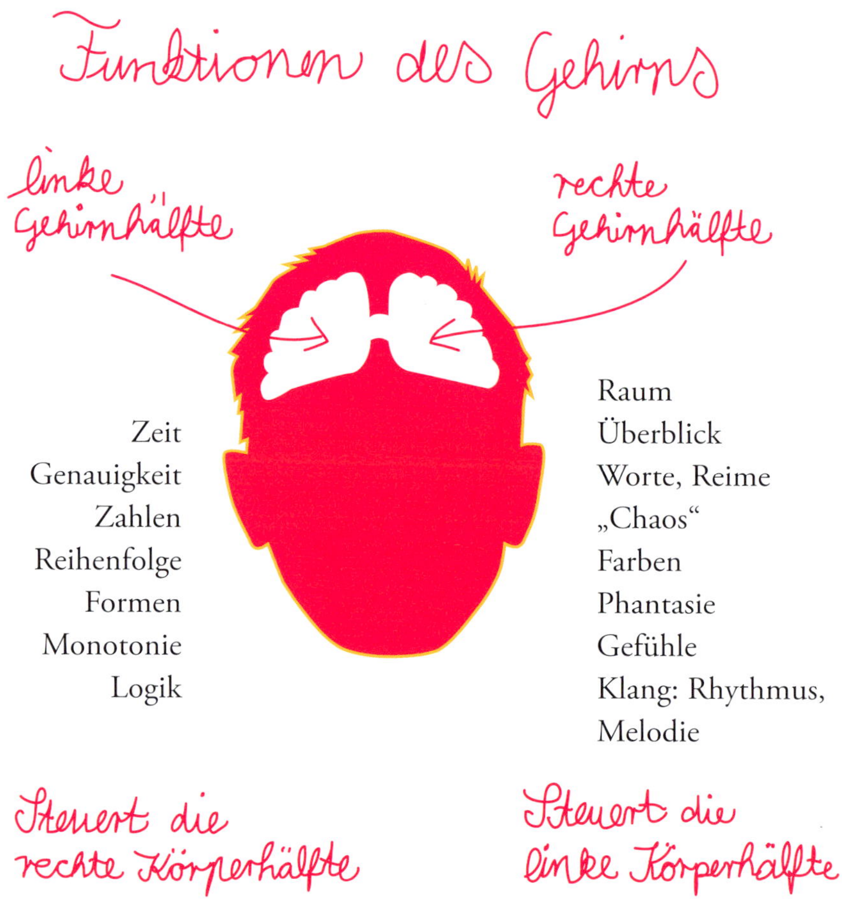

Bei manchen Menschen kann eine ausgesprochene Rechts- bzw. Linkslastigkeit des Gehirns festgestellt werden. Sie können Tätigkeiten, welche durch ihre bevorzugte Hirnhemisphäre gesteuert werden, hervorragend, andere, nicht ihrer bevorzugten Hemisphäre zugeordnete Aktivitäten dagegen nur mit größerer Konzentration verrichten. Bei Tätigkeiten, die normalerweise ein Zusammenspiel beider Gehirnhemisphären erfordern, wird dann gerne zu einer Ausweichstrategie gegriffen, um die dominante Gehirnhälfte stärker einzusetzen.

Die altgriechische Mnemotechnik, [11] bei der durch Wort- und Bildassoziationen Logik und Gefühl, also rechte und linke Gehirnhälfte, miteinander verbunden werden, ist eine hervorragende Art, neue Informationen zu speichern und bewusst abrufen zu können und dabei rechte und linke Gehirnhälfte miteinander arbeiten zu lassen.

Wie der Schweizer Gedächtnistrainer Gregor Staub [12] sagt, vergisst man Dinge, weil man nicht weiß, wo man im Kopf suchen muss. Das Gehirn weiß mit einer abstrakten Information alleine wenig anzufangen. Wenn man dem Gehirn eine ihm bekannte andere Information zu dem zu lernenden Wissen liefert, kann es eine Verknüpfung zwischen beiden Informationen herstellen und jederzeit abrufen. So kann man sich Zahlen und Namen, Gesichter und auch alle anderen Inhalte, die allein auf Auswendiglernen beruhen, nach einer gewissen Übungszeit leicht und effizient merken. Wichtig ist es hier, richtig mit allen Facetten zu üben: mit allen Sinnen, der Erlaubnis, Fehler zu machen, und sich mindestens fünf Anläufe zu geben, bis es sitzt.

Das kann über die Ohren und die eigene Stimme durchs Zuhören und laut Aufsagen erfolgen, durch das Entstehenlassen innerer Bilder und unter Einschluss geeigneter Körperbewegungen. Da man nicht zwei Sachen bewusst gleichzeitig machen kann, [13] sollte dies hintereinander erfolgen: Vielleicht zuerst zuhören und dann mitsprechen, dazu dann eine Körperbewegung, und der Aufbau innerer

[11] Mnemotechnik (von griech. „Gedächtnis; Erinnerung" und „Kunst") ist ein Kunstwort, das ... für ars memoriae und ars reminiscentiae („Gedächtniskunst") benutzt wird, meist gleichbedeutend mit Mnemonik. Die Mnemotechnik entwickelt Merkhilfen (Eselsbrücken), zum Beispiel als Merksatz, Reim, Schema oder Grafik. Neben kleinen Merkhilfen gehören zu den Mnemotechniken aber auch komplexe Systeme, mit deren Hilfe man sich ganzer Bücher oder Listen mit tausenden von Wörtern oder tausendstelliger Zahlen sicher erinnern kann. (zitiert nach www.wikipedia.de; zuletzt aufgerufen am 31.04.08)

[12] www.gregorstaub.com

[13] Versuchen Sie mal, sich blind die Schuhe zu binden und gleichzeitig die 17er Reihe im Kopf aufzusagen!

Bilder erfolgt automatisch. Oder zuerst zusehen und zuhören, dann nachlesen und erst später selbst aufsagen. Welcher Denktyp welchen Ablauf lieber hat, wird im Verlauf des Buches noch verdeutlicht.

Ganz wichtig ist, dass man Fehler erlaubt und zulässt. Zum einen sollte man sich und den Schülern die Erlaubnis geben, Fehler zu begehen. Wenn man zu Beginn des Abfragens nicht direkt 100 % leisten muss, sondern vielleicht irgendwo zwischen 80 und 85 %, nimmt man viel Druck aus der Lernumgebung. Wenn man jetzt sogar 90 % auf Anhieb richtig schafft, ist das viel aufbauender, weil man über dem Geforderten liegt, als wenn man sich als Zielvorgabe 100 % gegeben hat und mit 90 % darunter liegt. Obwohl doch in beiden Fällen 90 % erreicht wurden.

Diese Vorgehensweise ist für Schüler viel entspannter, als wenn mit einem zu großen Druck die Lust am Lernen und sehr oft auch das Selbstwertgefühl beschädigt werden. Ein großer Feind des Lernens ist nicht eine mangelnde Intelligenz, die tatsächlich nur bescheidende 10 % zum Lernerfolg beiträgt, sondern der Angriff auf das Selbstbewusstsein eines Schülers, wenn man ihn durch Aufdecken von fehlendem Wissen in seiner Persönlichkeit trifft. Ein „Vorführen" von Kindern an der Tafel, aber auch beim Abfragen zuhause ist der größte Feind des gehirngerechten Lernens und kommt einer Körperverletzung gleich.

Motivation und Vorkenntnisse haben beim Lernen einen wesentlich größeren Stellenwert als Intelligenz. Intelligenz wird allgemein als eine statische, genetisch gegebene Größe angesehen. Motivation und Kenntnisse dagegen sind flexible Größen, welche im Laufe des Lebens auf- und ausgebaut werden. Sie bedingen sich gegenseitig und machen den Hauptanteil für ein effektives Denken und Lernen aus. Je motivierter ich bin, desto mehr Wissen baue ich auf. Je mehr Vorwissen ich habe, desto motivierter werde ich, Neues dazuzulernen.

KÖRPERLISTE

Gregor Staub benutzt u. a. eine Körperliste, um sich abstrakte Dinge, wie zum Beispiel die letzten zehn amerikanischen Präsidenten zu merken. Abstrakt als Lerninhalt sind die Präsidenten deshalb, weil in der Regel kein Schüler die Chance hatte, jeder dieser Personen die Hand zu schütteln, mit ihnen ein paar Worte zu wechseln und ihnen dabei in die Augen zu sehen, also Informationen mit allen Hauptsinnen aufzunehmen. Es gibt nur sekundäre Informationen, z. B. aus Erzählungen, Büchern oder Filmen, die alleine nicht wirklich ausreichen, um sie gehirngerecht mit allen Sinnen zu erfassen. Man muss als Lehrer schon ein ambitionierter Entertainer sein, um sie mit Freude in die Köpfe der Schüler zu bekommen. Bei der Körperliste wird der ganze Körper als eine imaginäre Liste, auf der Informationen ablegt werden, verwendet. Die einzelnen Körperteile folgen immer derselben Reihenfolge und man kann durch Bewegung und über innere Bilder Informationen dort ablegen und später mit derselben Bewegung bzw. dem Erinnern des inneren Bildes auch abrufen.

Bei der Körperliste geht man von unten nach oben vor:

SCHUHE
KNIE
OBERSCHENKEL
GESÄSS
BAUCHNABEL
BRUSTKORB
SCHULTERN
HALS
GESICHT
HAARE

Gehen Sie diese Reihenfolge gedanklich und mit Handbewegungen ein paar Mal durch, um sie sich selbst einzuprägen. Wenn diese wirklich sitzt, können Sie die Körperliste mit Wissen belegen. Als Beispiel möchte ich die letzten zehn amerikanischen Präsidenten nach Gregor Staub aufzeigen:

[14] Denken Sie einfach an einen der vielen Päpste, die Gregor hießen, und jetzt schon zu Staub geworden sind. www.gregorstaub.com

- Stellen Sie sich vor, Ihre Schuhsohlen seien aus Eisen und hauen beim Gehen auf den Boden – *EISENHOWER*
- Auf Ihren Knien sitzt eine Ihnen unbekannte Person. Die fragen Sie natürlich: „Kenn i di?" – *KENNEDY*
- Stellen Sie sich den Beatle John Lennon mit seinem Sohn vor, der aus Ihrer vorderen Hosentasche lugt. – *JOHNSON*
- An der Gesäßtasche befindet sich eine nette Nixe – *NIXON*
- Um den Bauchnabel fährt ein Auto, es ist ein Ford – *FORD*
- Auf den Brustkorb springt eine männliche Katze – *CARTER*
- Auf Ihre Schulter regnet es – *REAGAN*
- Am Hals sprießt ein großer Busch – *BUSH SENIOR*
- Mit dem Mund im Gesicht wird gepfiffen, es entsteht ein Klin(g)ton – *CLINTON*
- Auf dem Kopf wächst ein kleiner Busch – *BUSH JUNIOR*

Gehen Sie nun diese mit den letzten zehn amerikanischen Präsidenten belegte Körperliste mehrmals durch und freuen Sie sich daran, wie schnell das Lernen vonstatten gehen kann. Soviel zu diesem Gedächtnistrainer, wie heißt er noch?! [14]

LIEGENDE ACHT

Zur Synchronisation der beiden Gehirnhälften kann man Körperübungen wie die Liegende Acht und auch Überkreuzbewegungen zur Hilfe nehmen. Dabei macht man sich die neurologische Eigenheit des Denkapparates zunutze, dass die linke Gehirnhälfte die rechte Körperseite koordiniert und die rechte Gehirnhälfte die linke Körperseite. Schön über Kreuz.

Die Liegende Acht ist eine um 90° gedrehte Acht, die man in der Luft oder auf einem Papier nachfährt. Wichtig ist, dass sich der Mittelpunkt der Acht lotrecht auf der eigenen senkrechten Körpermittellinie befindet und sich die zeichnende Hand über dieselbe hinweg bewegt. Fehlende Zusammenarbeit beider Gehirnhälften zeigt sich zum Beispiel auch darin, dass man mit einer Hand nicht über die senkrechte Körpermittellinie greifen kann. Dies ist gut zu beobachten bei einigen Supermarktverkäuferinnen, die mit der einen Hand die Ware vom Band nehmen und genau bis zur Körpermitte schieben, um sie dort mit der anderen Hand in Empfang zu nehmen und weg zu schieben. Es erfolgt kein Übergreifen der jeweiligen Hand in den Hemisphärenbereich der anderen Seite. Achten Sie beim nächsten Einkauf einmal darauf.

Eine Acht, die man seitlich von sich gestellt nachfährt, ohne dabei die senkrechte Körpermittellinie mit der schreibenden Hand zu überqueren und so in den Bereich der anderen Hemisphäre gelangt, trägt nichts zur Synchronisation der Gehirnhälften bei. Mehr darüber finden Sie u. a. in dem Buch „Was die 8 möglich macht! – Laufend neue Aufgaben lösen“ [15]

[15] Sunbeck, Deborah: Was die 8 möglich macht: Laufend neue Aufgaben lösen. VAK Verlag, Kirchzarten, 1998. ISBN 978-3-932098-36-9

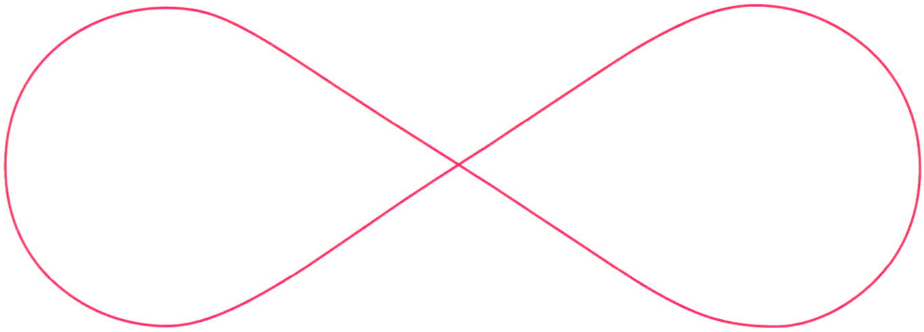

Vielleicht mutet es zunächst etwas komisch an, eine Acht in der Luft zu zeichnen oder auf dem Boden zu laufen. Man sollte weniger darüber nachdenken, was wohl die Nachbarn meinen, sondern sich einfach über einen Zeitraum von mindestens vier Wochen täglich auf das Abenteuer der liegenden Acht einlassen, um sich von deren Wirksamkeit zu überzeugen.

Überkreuzbewegungen sind Bewegungen, bei denen man bewusst mit den Händen oder Füßen die senkrechte Körpermittellinie überquert und so die beiden Seiten des Gehirns zur Zusammenarbeit bringt. Als Bild kann man sich für eine solche Übung den bayerischen Schuhplattler vorstellen, bei dem der rechte Fuß und die linke Hand bzw. der linke Fuß und die rechte Hand zusammengeführt werden. Hände und Beine kommen sich aktiv entgegen. Man kann das vor dem Körper und auch hinter dem Körper machen. Mit Musik kommt Schwung hinein und das macht Groß und Klein richtig Spaß. Wenn schulpflichtige Kinder hierbei Schwierigkeiten haben, kann dies auf eine mangelnde Zusammenarbeit beider Gehirnhälften hindeuten, was mit solchen Bewegungsübungen behoben werden kann.

Kopiervorlage

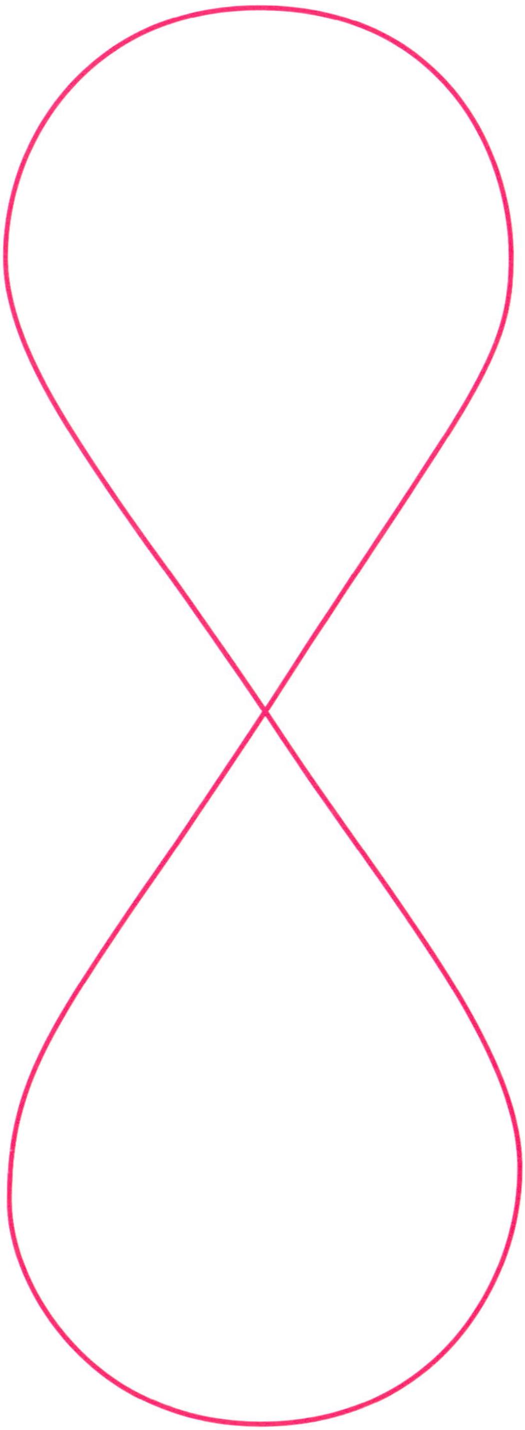

BEISPIELE:

Rechtslastigkeit:

- Fehlendes Zeitgefühl – man vertrödelt die Zeit und die anderen können sich darauf einrichten, dass man immer zu spät kommt
- Schwierigkeit, rechts und links auseinander zu halten
  Dabei wird sehr gern mit einer Hand die richtige Richtung gezeigt, aber die falsche Richtung benannt. [16]
- Zahlen- und Buchstabendreher
  – man sagt 24, obwohl man die 42 sieht
  – man sagt d und schreibt b

Linkslastigkeit:

- zu stark an die Uhr gebunden – man ist immer überpünktlich
- fehlendes Musikgefühl
- zu stark an Regeln gebunden
- mangelnde Flexibilität

Die Kreativität, also die Arbeit der rechten Gehirnhälfte, kann man mit einfachen Übungen, wie sie weiter unten angegeben sind, trainieren. Logikspiele zum Trainieren der linken Gehirnhälfte gibt es genügend auf dem Markt.

16 was einen linkslastigen Denker zum Wahnsinn treiben oder zumindest zum Schmunzeln bringen kann

ÜBUNGEN ZUR KREATIVITÄT

Ich sehe was, was du nicht siehst!
Geben Sie den Kindern auf einem Blatt mehrere geometrische Formen vor, aus denen sie ein Bild gestalten sollen:

Vorlage 1
Von einer Schülerin umgesetzt

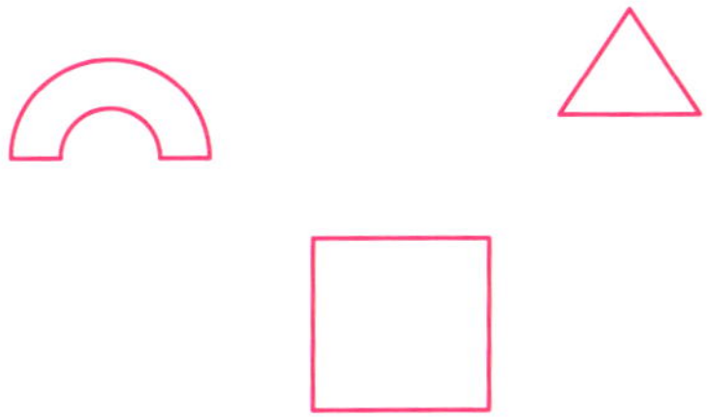

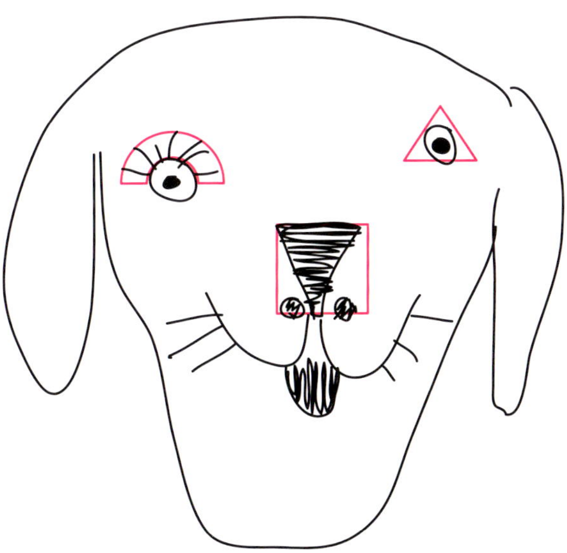

Vorlage 2

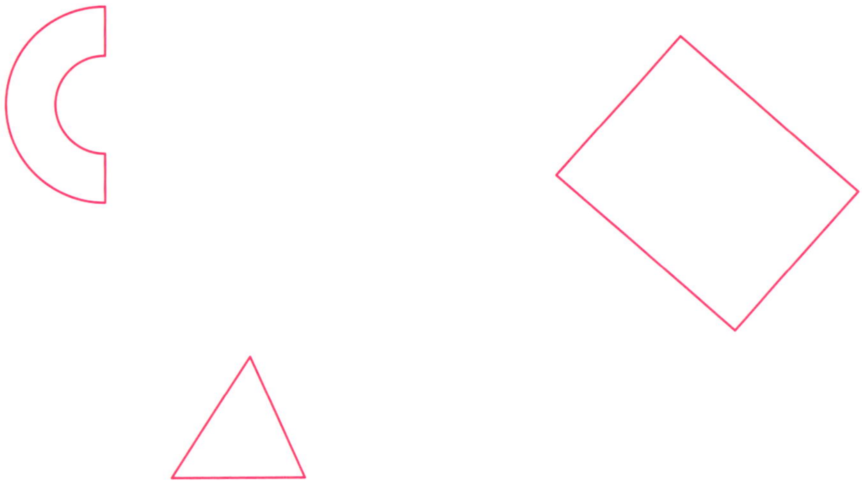

KRAKELBILDER

Haben Sie sich als Kind auch die Maserung irgendwelcher Holzbalken angesehen, um darin Dinge zu erkennen? Elfen, Löwen und Dämonen. Bei mir wurden an einer Wandvertäfelung richtige Schlachten geschlagen und Ungeheuer vertrieben. Meine Phantasie ließ keine Wolke ziehen, ohne darin ein Tier oder sonstiges zu erkennen.

Genau das kann man mit Hilfe von Krakelbildern auch machen. Geben Sie Ihrem Kind einfach ein beliebiges Gekrakel vor, mit der Bitte, aus den gegebenen Linien ein Bild zu machen. Zunächst werden sich die meisten Kinder sehr an die vorgegebenen Linien halten. Später verlieren diese jedoch an Bedeutung.

Meine Tochter hat im Alter von 6 Jahren folgende Ente aus meinem wirren Gekrakel erstellt. Anfänglich blieb sie sehr stark an den vorliegenden Linien haften. Mit der Zeit haben sich ihre Bilder bzw. das, was sie in meinem Gekrakel gesehen hat, immer mehr von den vorgegebenen Linien gelöst und ihre Kreativität immer weiter gefördert.

FALSCHES WORT ZUM FALSCHEN ZEITPUNKT: FALSCH!

ODER DER LEOPARD-IM-NACKEN-EFFEKT

Kleiner Exkurs nach Indien:

Während meines dreijährigen Indienaufenthalts lernte ich die indische Amtssprache Hindi soweit, dass ich die wichtigsten Grundlagen beherrschte. Nicht sonderlich viel, aber zumindest so viel, dass ich mich mit der Marktfrau und einem Taxifahrer unterhalten konnte und bekam, was ich wollte. Hindi ist eine äußerst anspruchsvolle Sprache: neue unbekannte Buchstaben, die man sich bildlich und klanglich einprägen muss; Wörter, die man nicht aus dem Griechischen oder Lateinischen ableiten kann und eine Grammatik, die unserer mitunter ähnelt, mitunter aber auch nicht.

Um meinem Bewegungsdrang beim Lernen nachzukommen, ging ich gerne nach draußen und las während des Spazierengehens und lernte so Vokabeln. Wir wohnten in einem ruhigen Stadtteil am Nordrand Bombays, umgeben von einem Naturpark. Wie es so ist in Naturparks, gibt es dort allerlei wildes Getier, darunter auch Leoparden. Die bleiben normalerweise liebend gern in ihrem Dschungel, bei Futterknappheit kommen sie aber gelegentlich auch zu einem Bummel in die Stadt und versorgen sich mit Straßenhunden oder Kühen.

Über einen Zeitraum von gut einem halbem Jahr passierte es denn auch, dass nahezu jeden Abend nach Einbruch der Dämmerung ein Leopard in unserem Wohnviertel gesichtet wurde. Tragischerweise fiel auch ein Kind aus der Nachbarschaft einer Raubkatze zum Opfer. Spätestens ab diesem Zeitpunkt wurde auch für mich die Bedrohung real.

Während einer meiner Hindi-Lern-Spaziergänge geschah es dann, dass ich mich so in die Vokabeln vertiefte, dass mir nicht auffiel, dass ich in die Dämmerung kam. Als ich es aber erschrocken feststellte, fiel mir der Leopard-im-Nacken-Effekt auf: Als mir bewusst wurde, dass ich hilflos ausgeliefert sein würde, wenn tatsächlich ein Leopard um die Ecke geschlichen käme, konnte ich mich nicht mehr auf das Lernen konzentrieren – ich war blockiert! Weder ging etwas Neues in mein Gehirn, noch konnte ich etwas schon Gelerntes abrufen. Mein Gehirn hatte in dieser Stresssituation auf die notwendigsten Funktionen, den Überlebens-Autopiloten, heruntergeschaltet, eine zu lernende Sprache hatte hier keinen Platz.

Ich gehe davon aus, dass die wenigsten Leser eine ähnliche reale Erfahrung gemacht haben und doch glaube ich, dass jeder das Gefühl kennt, welches ich hier beschreibe. Es tritt im normalen Leben häufig dann ein, wenn jemand in einer bestimmten Stimmlage oder einfach zu schnell oder zu oft das Wort FALSCH! hört.

Eine solche Erfahrung reicht aus, einem Schüler einen Leoparden direkt in den Nacken zu setzen. Viele Erwachsene laufen mit einer kleineren oder größeren Blockade herum, die aus ihrer lange zurückliegenden Schulzeit stammt. Manchmal sind es auch richtige Traumata. Wenn diese negativen Schulerfahrungen durch intensive Aufklärung vermieden werden und sich Lehrer wie Schüler tatsächlich auf ein entspanntes Lernen konzentrieren könnten, würde Deutschland nach meiner Überzeugung in internationalen Vergleichsstudien wesentlich besser abschneiden können.

Was aber geschieht tatsächlich, wenn eine solche Blockade, oder – wenn es nur einmal und kurzfristig geschieht – ein Blackout auftritt? Es schleicht sich ein mulmiges, unheimliches Gefühl in der Magengegend ein. Kombiniert mit einem irrsinnig unsinnigen internen Dialog, auch Selbstgespräch genannt, der einen nicht wirklich aufbaut. Im Gegenteil, der manch einen von uns von der eigenen Unzulänglichkeit und dem Umstand, nicht gut genug zu sein, überzeugen will und meistens sein Ziel auch erreicht. Wie schön wäre es doch, wenn man diesen internen Dialog ausschalten und, wenn uns dies nicht vollends gelingt, in ein motivierendes Selbstgespräch umwandeln könnte.

Von außen erkennbar ist eine Blockade sehr gut an einer Veränderung der Atmung. Manche Menschen verlangsamen ihre Atmung so sehr, dass man meint, sie hörten gänzlich zu atmen auf. Andere hingegen beschleunigen ihre Atmung so stark in die Nähe der Hyperventilation, dass sie umzukippen drohen. Eine sichtbare Veränderung der Atmung ist kennzeichnend für ein vollzogenes Umschalten des Denkens auf den Überlebens-Autopiloten, bei dem im Gehirn der sog. Mandelkern (Amygdala) aktiv wird, der sich von nun an auf das Wesentliche – nämlich die Angstbekämpfung konzentriert. Unter diesen Bedingungen Lateinvokabeln zu memorieren oder einen gelungenen mathematischen Beweis zu führen, ist zu viel des Guten.

Jedermann bekannt ist die Aktivierung des Mandelkerns beim Auftreten von Phobien: Ein visueller Stimulus, z. B. eine Spinne, erzeugt eine phobische Reaktion, die zu einer Bewegungs- oder Handlungsunfähigkeit, einem Wegrennen, einem Angriff oder einer anderen rational nicht immer nachvollziehbaren Handlung führt. Dieselbe Reaktion kann aber auch durch das Erscheinen des Mathelehrers, das Hochziehen einer Augenbraue oder eine bestimmte Stimmlage hervorgerufen werden. Soziales Lernen bildet den Hintergrund. Eine Lernblockade kann auch als eine Phobie im zwischenmenschlichen Zusammenspiel verstanden werden.

Kehren wir zurück zum Thema Umwandlung destruktiver Dialoge in motivierende (Selbst-)Gespräche. Wenn das Umfeld eines bereits verunsicherten Schülers durch Bemerkungen, Mimik oder Gestik das vorhandene Gefühlschaos noch verstärkt, kann diese Umwandlung ein ziemlich schwieriges Unterfangen sein.

Ich persönlich habe noch niemanden erlebt, der aufgrund schlechter Gefühle richtig gute Entscheidungen getroffen oder Lösungen welcher Art auch immer gefunden hat. Nicht in der Schule und auch nicht anderswo im Leben. Sollte man dann den Schülern nicht in der Schule schon Strategien erschließen, wie sie sich selbst motivieren können und ihnen dabei einen Freiraum für Fehler einräumen? Wer wird schon gut denken können und motiviert ans Werk gehen, wenn das Lernen und die Leistungsmessung weiterhin so stark am Auffinden von Defiziten orientiert sind wie bisher. Meine Bitte: Streichen Sie das Wort FALSCH aus Ihrem Vokabular und ersetzen Sie es durch die Worte: „Noch mal!“ oder „Das kannst du besser!“ Erlauben Sie sich und den Kindern Fehler und lachen Sie kräftig und laut – aber nie demütigend – über den Fehler und nie über die den Fehler begehende Person. Fehler bringen uns weiter, weil sie zumindest eine falsche Möglichkeit aufzeigen und damit schon mal ausschließen.

PYRAMIDE DER MEISTERSCHAFT

Aufbauend auf den Ebenen des Lernens von Gregory Bateson [17] geht das Lernen in vier Phasen vonstatten:

→ *1. UNBEWUSSTES NICHT-KÖNNEN*
Zunächst ist man sich seines Unvermögens gar nicht bewusst.

→ *2. BEWUSSTES NICHT-KÖNNEN*
Wird einem das Nicht-Können jedoch bewusst und man hat Interesse daran, etwas zu lernen, wird ein bewusstes Üben folgen.

→ *3. UNBEWUSSTES KÖNNEN*
Im Laufe der Zeit wird die nächste Stufe erreicht, mitunter aber durch den eigenen inneren Kritiker nicht realisiert – man kann etwas, traut es sich selbst aber nicht zu. Nur in Glücksmomenten, in denen der interne Kritiker abgelenkt ist oder schweigt, wird das unbewusste Können erkennbar.

→ *4. BEWUSSTES KÖNNEN*
Auf der letzten Stufe erfolgt die Automatisierung. Wir sind uns unseres Könnens durchaus bewusst, handeln aber unbewusst.

[17] NLPedia: Die NLP Enzyklopädie. Bateson, Gregory. Link: http://www.nlpedia.de/wiki/Lernen. (Stand 14.01.2008).

Wer Autofahren gelernt hat, weiß die Stufen genau einzuordnen: Zuerst muss man sich auf das Kuppeln, Bremsen und Gas geben konzentrieren und irgendwann kann man Radio hören, eine Unterhaltung mit dem Beifahrer führen und ganz nebenbei sich mit den anderen und das Auto sicher nach Hause bringen.

Genau diese vier Phasen gibt es auch beim Mathematiklernen und natürlich beim Lesen- und beim Schreibenlernen und in allen anderen Fächern. Wer von einem Kind verlangt, von einer Stufe auf die übernächste zu hüpfen, ohne die vorangegangene durchschritten zu haben, verlangt von einem Fahranfänger, einen Formel-1-Wagen zu beherrschen. In der Schule pendelt man in der Regel zwischen der Stufe des bewussten Nicht-Könnens und der des unbewussten Könnens hin und her. Viele bleiben auf der Stufe des bewussten Nicht-Könnens hängen. Bevor ihnen die Möglichkeit gegeben wurde, das bewusste Nicht-Können in ein unbewusstes oder gar bewusstes Können zu verändern, wird schon mit einem neuen Stoff begonnen. Man bekommt also ständig vor Augen geführt, was man alles nicht kann und/oder hat das Glücksgefühl beim Erreichen der Stufe des bewussten Könnens zu selten erlebt. Manche Schüler werden dadurch wirklich dauerfrustriert und geben irgendwann ihre natürliche Neugierde auf, weil es beim Lernen einfach an Erfolgsmomenten fehlt.

Häufig erkennt man dies bei langsamen Lesern. Kindern, die in der ersten Klasse Schwierigkeiten haben, zunächst die Buchstaben zu Lauten und Wörtern zusammen zu ziehen, und dann irgendwann auf die Ganzworterkennungsmethode umstellen, dies aber nicht in der geforderten Geschwindigkeit tun, wird ein solcher „Sprung" von der einen auf die übernächste Stufe abverlangt. Dasselbe gilt natürlich auch für die Mathematik, für Musik und andere Bereiche.

Gerade die erste und zweite Klasse ist für viele Kinder eine kritische Zeit, in der Einflüsse von außen sehr sensibel aufgenommen werden. Zu große Ungeduld von Seiten der Eltern oder Lehrer – und schon kann sich der Leopard in den Nacken setzen.

Genauso wie es keine optimale Schuhgröße gibt, gibt es auch keine optimale Geschwindigkeit, neue Dinge zu lernen. Und wirklich komplexe Zusammenhänge wie Lesenlernen oder das Rechnen in der Grundschule erfordern bei jedem Kind individuell bemessene Zeit, die sich an keinen Lehrplan hält oder Wünschen von außen entspricht. Hier gilt es von Seiten der Eltern, die Motivation hoch zu halten, jeden kleinsten Schritt zu loben und ständig am Ball zu bleiben. Im Bereich Lesenlernen kann dies durch abwechselndes Lesen eines Wortes durch die Mutter/Vater und das Kind erfolgen. Mutter/Vater erstes Wort, Kind zweites Wort, dann wieder Mutter/ Vater und so weiter. Damit Kinder immer im Rahmen ihrer Aufnahmefähigkeit bleiben, werden Wörter über fünf Buchstaben am Anfang immer von den Erwachsenen gelesen. Wörter bis fünf Buchstaben liest das Kind. Aber ihm wird auch hier geholfen, wenn es sich um ein verflixt unphonetisches Wort handelt, ein Wort also, das komplett anders geschrieben wird als es ausgesprochen wird.

DAS Pferd *STEHT* in *DER* funkelnden *SONNE* und *FUTTERT* mit *FREUDE* sein *HEU.*

Ein Satz könnte wie oben aussehen und wird abwechselnd von Mutter/Vater und dem Kind gelesen. Das Wort „funkelnden“ kann den Rahmen der Aufnahmekapazität des Kindes sprengen und wird, falls es länger als gewöhnlich zögert, mit dem Kind zusammen langsam in Silben vorgelesen. Wenn Sie solche Übungen zusätzlich zu den normalen Hausaufgaben machen, nutzen Sie eine Eieruhr. Lebensalter in Minuten bleibt die Devise. Ein sechsjähriges Kind stellt sich die Uhr auf sechs Minuten und egal wie viel gelesen wurde – ob zwei Sätze oder eine ganze Seite – nach sechs Minuten ist Schluss. Mit der Zeit wird sich das Kind wohl und sicher fühlen und unbemerkt zwei Wörter hintereinander lesen. Es kommt in den Bereich der unbewussten Kompetenz. Wenn das Lesen sicherer wird, kann man anfangen, den Leseumfang von „ein Wort Eltern – ein Wort Kind“ auf „einen Satz Eltern – einen Satz Kind“ umzustellen. Jeder liest abwechselnd einen Satz vor. Der Leseumfang wird später auf „einen Absatz Eltern – einen Absatz Kind“ bzw. „eine Seite Eltern – eine Seite Kind“ ausgeweitet. Schrittweise wird das Lesen von der Buchstabenaneinanderreihung auf die Ganzworterkennung und zuletzt die Sinnzusammenhangerfassung ausgedehnt. Mit jedem richtig erkannten Wort erhöht sich die Motivation und dadurch auch das Vorwissen und Ihr Kind kann gar nicht anders, als das Lesen zu lernen. In eigener Geschwindigkeit und Intensität.

Und was machen, wenn sich doch mal ein Fehler einschleicht? Lachen – über den Fehler oder sich selbst, aber nie über das Kind – und weitermachen. Genau so, wie man sich verhalten hat, als das Kind beim Laufenlernen unzählige Male hingefallen ist und man es lächelnd aufgehoben hat, um es zum Weiterüben zu motivieren.

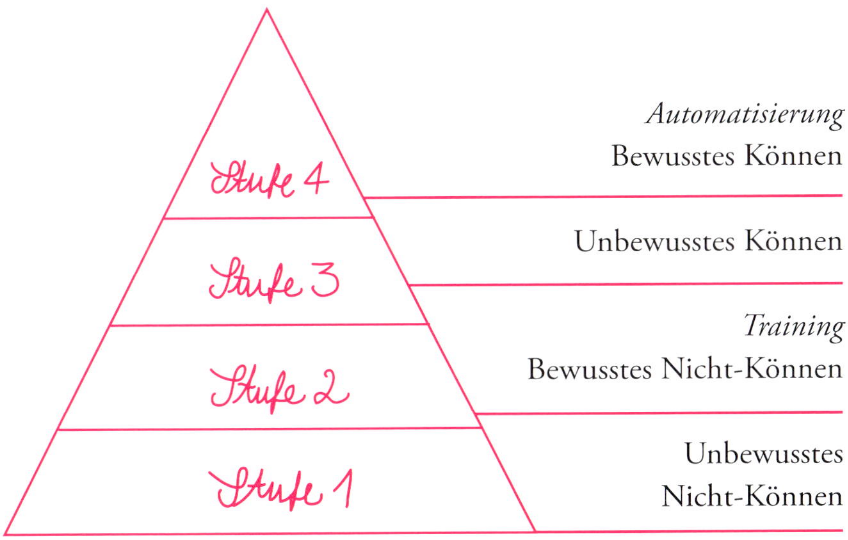

WIE MAN AUTOMATISIERT ERINNERT

Wie funktioniert die Erinnerung? Wodurch wird eine Antwort automatisiert? Woher weiß ich, wie die richtige Antwort zu irgendeiner Frage lautet? Wann rate ich und wann bin ich mir meiner Sache wirklich sicher? Nehmen wir die einfache Aufgabe: 4 plus 7. Woher wissen Sie, ohne lange nachzudenken, dass 11 die richtige Antwort ist?! Woher kennt Ihr Gehirn die richtige Antwort? Neurologisch gesehen gibt es wohl Verbindungen im Gehirn, die die richtige Antwort liefern, aber wie ist die Antwort dorthin gekommen? War die Antwort schon immer da – wurde sie vielleicht genetisch vererbt? Oder wurde sie von uns in unser Gehirn eingeprägt? Und wie genau erfolgt ein solches Einprägen?

> *„Stellen Sie sich vor, Sie stehen auf einem Aussichtsturm in einem frisch verschneiten Park. Unter Ihnen liegen 20 cm unberührter Neuschnee. Jetzt kommen Leute und Sie beobachten, wie diese scheinbar ziellos im Park umherlaufen. Es geht ein leichter Wind und die Fußstapfen der einzelnen Fußgänger werden rasch wieder verweht. Stellen Sie sich nun weiter vor, dass an einer Ecke des Parks eine Glühweinbude steht und an der anderen sich eine Toilette befindet. So manch einer trinkt erst einmal etwas zum Aufwärmen – und muss dann zur anderen Ecke... Obwohl jeder einzelne Parkbesucher einen anderen Weg nimmt, kommt es langsam zu einer Spur von der Glühweinbude zur Toilette. Es bildet sich ein Trampelpfad, gebrauchsabhängig. Und ein einmal ausgebildeter Pfad wird sich selbst erhalten, weil die Leute lieber auf ihm laufen – ganz einfach, weil das leichter geht.“* [18]

[18] Spitzer, Manfred: Vorsicht Bildschirm!: Elektronische Medien, Gehirnentwicklung, Gesundheit und Gesellschaft. Stuttgart. Klett, 2005. S. 58 – ISBN 3-12-010170-2

Und genau so verhält es sich mit Ihren Antworten im Kopf: Für jede Antwort muss man seinen eigenen Weg finden. Je öfter man einen Weg gegangen ist, umso leichter läuft er sich. Niemand kennt die Antwort zu einer bislang unbekannten Frage einfach so. Als Faustregel kann man sagen, dass man alle Information fünf bis neun Mal hintereinander richtig wiederholen muss, um es im Langzeitgedächtnis zu platzieren und von dort jederzeit abrufen zu können. [19] Wer also die Antwort auf eine Frage vier Mal hintereinander richtig genannt hat und beim fünften Mal gepatzt hat, hat die Antwort noch nicht im Langzeitgedächtnis gespeichert und es wäre ratsam, die

[19] Die Lernkarteien mit ihren fünf Fächern zur Wiederholung beruhen genau auf diesem Prinzip.

richtige Antwort noch mindestens fünf Mal hintereinander richtig zu geben. Hört sich zunächst langwierig an, ist aber notwendig und nimmt, wenn man es richtig interpretiert, enorm den Druck, weil man weiß, dass Fehler zum Lernprozess gehören.

Das bewusste Nicht-Können kann also als Chance dienen: Ich darf Fehler machen, die helfen mir auch weiter und nehmen eine Menge Druck aus meinem Lernvorgang.

Hinzu kommt, dass alles Lernen, das mit einer emotionalen Erfahrung verbunden ist, wesentlich effektiver ist, als das Lernen ohne Emotion. Gefühle sorgen dafür, dass etwas in unserem Gehirn überhaupt eine Spur hinterlässt. Gefühle sind ein wunderbarer Katalysator des Lernens. Für kleine Kinder gilt: Je lustiger und verrückter ein Lerninhalt umgesetzt wird, umso mehr bleibt er hängen. Für viele Erwachsene gilt: Je zweideutiger eine Information angeboten wird, umso eher bleibt sie haften.

Die gefühlsgebundene Verankerung eines Lerninhalts ist also Voraussetzung dafür, dass Wissen dauerhaft in unserem Gedächtnis haften wird. Stupides Abarbeiten von Arbeitsblättern ist nicht mit emotionalen Verankerungen verbunden und führt auch selten zu einer schnellen Automatisierung des Lernstoffes. Bei Mathematikaufgaben ist immer wieder zu erkennen, dass Lerninhalte, die alleine über Aufgaben auf Arbeitsblättern vermittelt werden, weniger nachhaltig im Gedächtnis bleiben als solche Inhalte, die mit allen Sinnen in einer realen Situation erfahren werden.

Gerade im Grundschulbereich sind am Anfang vier real nachgespielte Textaufgaben ergiebiger als zwölf Aufgaben, die mehr oder weniger lustlos auf einem Aufgabenblatt erledigt werden. Um das abstrahierte Denken zu erlernen, sollte jedoch mit der Zeit das gedankliche Erfassen von Textaufgaben trainiert werden. Zunächst mit den Schülern in einer realen Szene und später im Kopf kann eine Szene nachgestellt werden, um das Wichtigste der Aufgabenstellung erfassen zu können. Genauso können auch Vokabeln oder geschichtliche Zusammenhänge in szenischem Spiel mit dem ganzen Körper erfahren und langfristig effizient abgespeichert werden.

LERNMOTIVATION

Für jeden Schüler ist es immens wichtig, sich richtig zum Lernen zu motivieren. Nicht jeder lernt für eine gute Note. Besonders diejenigen nicht, denen diese bislang verwehrt geblieben ist. Aber nur, wenn man weiß, wofür man etwas macht, kann man es gerne machen.

Es gibt mehrere Einflussfaktoren und Ebenen, die unsere Lernmotivation beeinflussen:

- Was kann ich lernen? – *INHALTLICHE EBENE*
  - eine Sprache, z. B. Englisch
  - Mathematik, z. B. Pythagoras

- Wie kann ich lernen? – *VORGEHENSWEISE*
  - CDs, DVDs, Sprachreise nach England
  - über Formeln, mit Bildern, begreifend

- Warum lerne ich das? – *SINNFRAGE*
  - um mit anderen kommunizieren zu können
  - um im Alltag eigene Berechungen durchführen zu können

In der Schule wird durch den Lehrplan die Frage nach dem „Was kann ich lernen?“ weitgehend eingeschränkt. Nur wenige Fächer sind frei wählbar oder auch abwählbar: Ein Grundgerüst an Basiswissen sollte natürlich von jedem Schüler als Allgemeinbildung aufgebaut werden. Die Frage nach dem „Wie kann ich lernen?“ wird im Laufe dieses Buches weitgehend geklärt. Wenn der Unterricht dann auch so ausgerichtet wäre, dass jedem Lerntypen im Laufe der Stunde entsprochen würde, wäre die Chancengleichheit in der Schule mehr gegeben als bisher. Wenn nicht, kann zumindest das Lernen zuhause auf den eigenen Lerntyp individuell abgestimmt werden.

Nicht immer motiviert sich das Lernen aus sich selbst heraus. Manche Kinder lieben es, die Gesetzmäßigkeiten der Mathematik zu ermitteln, manche sehen darin keinen Sinn. Die Frage nach dem „Warum lerne ich das?“ ist eine Sinnfrage, die gerne gestellt wird, wenn das Lernen nicht funktionieren will. „Ich weiß gar nicht, warum ich das überhaupt lerne – es gibt doch Taschenrechner!“, ist eine typische Aussage, wenn es mit dem Kopfrechnen nicht klappen will. Wenn man das Warum eines Themengebiets schon klärt, bevor man den Stoff eingeführt hat, wird diesen Einwürfen am ehesten der Wind aus den Segeln genommen. Besonders dann, wenn die Kinder zum Warum eigene Ideen beisteuern dürfen.

Schön wäre es zum Beispiel, wenn der Lehrer zu Beginn der Stunde oder Woche den Schülern mit auf den Weg geben würde, was genau in nächster Zeit gelernt werden wird, wie das gelernt werden kann und warum es wichtig ist, dieses Themengebiet zu bearbeiten. Damit würde auch unbewusst das Gehirn der Lerner schon mal auf den Inhalt, die Methoden und den Sinn ausgerichtet und könnte sich damit beschäftigen.

Das Fernsehen im Baby- und Kleinkindalter ist dem Lernen nicht wirklich zuträglich, auch wenn man denkt, dass hier bei lustigen Zeichentrickfilmen die Emotionen nicht zu kurz kommen. Egal wie oft man einen Film sieht. Denn die Spuren, die sich da in unser Gedächtnis einschleichen, haben mit der wirklichen Welt außerhalb des Bildschirms wenig zu tun.

„Werden Sehen und Hören entkoppelt – wie beim Wahrnehmen via Bildschirm und Lautsprecher –, sind Störungen der Wahrnehmung und des Lernens vorprogrammiert. … Auch wenn der Bildschirm noch so bunt und der Lautsprecher noch so laut ist, liefern die von ihnen abgegebenen Signale für das kleine Gehirn einen miserablen Input: Da kommen eine Bildsoße und eine Klangsoße, die oft gar nicht oder nur schlecht zeitlich zusammenpassen (miteinander korreliert sind) und aus denen das kleine Gehirn daher für sich nur wenig Struktur entnehmen kann. Wie soll man lernen, dass es dort, wo es wackelt, auch rattert (und dass eine Rassel damit ein Bewegung-in-Klang-Konverter ist), wenn es irgendwo auf dem Bild wackelt und irgendwoher ein Geräuschbrei ans Ohr dringt." [20]

Wenn man einen Früher-heute-Vergleich der Abendaktivitäten von Kindern anstellt, kann man durchaus Gründe für die Defizite bei den Leistungen der heutigen Schülergeneration finden.

Früher kam die Mutter oder die Oma ans Bett und las den Kindern eine Geschichte vor bzw. erzählte eine Geschichte aus der Erinnerung. Im Kopf des Kindes fand eine private Kinovorstellung statt. Die Figuren wurden im inneren Kino lebendig, die Ausführungen durch die Sprache des Erzählers vermittelt. Je mehr bildliche Ausschmückungen, verschiedene Dialekte und unterschiedliche Gemütszustände im Verlauf der Erzählung durchlaufen wurden, umso packender war es für den Zuhörer.

Diese Einschlafrituale sind vielerorts ausgestorben. Die Oma fehlt! Heute werden Kinder vor dem Fernseher geparkt, dürfen das Sandmännchen und noch viele weitere Sendungen konsumieren. Danach geht es dann direkt ins Bett. Wenn man sich den Unterschied von früheren und heutigen Kinderfilmen vor Augen führt, ist nicht verwunderlich, dass Kinder unruhige Nächte verbringen und in der Schule wenig konzentriert sind.

[20] Spitzer, Manfred: Vorsicht Bildschirm!: Elektronische Medien, Gehirnentwicklung, Gesundheit und Gesellschaft. Stuttgart. Klett, 2005. S. 79-80 – ISBN 3-12-010170-2

Dazu passt das Ergebnis einer amerikanischen Studie zum Fernsehkonsum von Kindern mit 1,8 und 3,8 Jahren und dem späteren Auftreten einer Aufmerksamkeitsstörung bei diesen Kindern im Alter von 7 Jahren. Manfred Spitzer schreibt:

> *„Je mehr Zeit die Kinder vor dem Fernseher verbrachten, desto größer war die Wahrscheinlichkeit, dass sie in der Grundschule an einer gestörten Aufmerksamkeit litten...“* [21]

Wenn Sie mal die alten Filme mit den modernen Filmen vergleichen, und hier nehme ich gerne Walt Disneys Bambi und eine beliebige Zeichentricksendung von heute heran, fällt einem Folgendes auf: Der Hintergrund bei Bambi ist monoton und bewegt sich langsam. Die Sinne können sich, soweit dies beim Fernsehen überhaupt geht, auf das Geschehen konzentrieren. Wenn Bambi spricht oder Klopfer klopft, herrscht ansonsten Stille im Karton. Bei den neuen Zeichentrickfilmen ist alles bunt und grell und ständig in Bewegung. Wenn eine Figur spricht, passiert sehr oft zeitgleich irgendwo etwas anderes. Es kracht und lärmt an allen Ecken und Enden. Augen und Ohren werden ständig reizüberflutet, die Grenze der Aufmerksamkeit mit ihren 7 ± 2 Informationseinheiten wird permanent überschritten, der Betrachter in einen Tagtraum versetzt. Nicht wenige Schüler leben am Wochenende in einem ständigen durch einen Bildschirm erzeugten Tagtraum. Sie bauen sich dabei einen realitätsfremden Erfahrungsschatz auf. In den Filmen haut man sich und lacht dann, wenn es in Wahrheit wehtun sollte. Man verletzt oder tötet jemanden und es hat wenig oder überhaupt keine Konsequenzen – und wir wundern uns über die schulischen und außerschulischen Leistungen der Kinder.

[21] Spitzer, Manfred: Vorsicht Bildschirm!: Elektronische Medien, Gehirnentwicklung, Gesundheit und Gesellschaft. Stuttgart. Klett, 2005. S. 89 – ISBN 3-12-010170-2

BEWUSSTSEINSFILTER DER WAHRNEHMUNG

Das Denken und Lernen erfolgt über alle Sinnesorgane: Wir sehen, hören, fühlen, schmecken und riechen. Während Schmecken und Riechen in den ersten Lebensmonaten von hoher Bedeutung für uns sind, nimmt deren Stellenwert mit zunehmendem Alter für die meisten Menschen ab. Im Folgenden werden sie der Einfachheit halber dem Fühlsinn zugeordnet, so dass wir von drei Hauptsinnen ausgehen: sehen, hören und fühlen.

Damit wir aufgrund der Fülle an Sinnesreizen nicht überwältigt werden, hat uns die Natur mit Filtern ausgestattet. Diese Filter bestimmen, was in unser Bewusstsein gelangt und was in unserem Unterbewusstsein verborgen bleibt.

Dabei gibt es für jeden Sinn einen Filter:

- einen visuellen Filter → für Bilder
- einen auditiven Filter → für Stimmen und Geräusche
- einen kinästhetischen Filter → für Gefühltes und Emotionen

Die verschiedenen Filter sind dabei bei jedem Menschen unterschiedlich grob und lassen viele oder wenige Wahrnehmungen in unser Bewusstsein durch. Man kann davon ausgehen, dass in jedem Moment [22] 7 ± 2 Informationseinheiten, also 5 bis 9 Stück, in unser Bewusstsein gelangen. [23] Die restlichen Sinneseindrücke versickern im Unbewussten.

[22] ein Moment ist hier kürzer als eine Sekunde

[23] Wikipedia : Die freie Enzyklopädie. Miller, George Link: http://de.wikipedia.org/wiki/Millersche_Zahl [Stand 14.01.2008]

Dabei können kleinere Informationseinheiten zu Sinn bringenden größeren Informationseinheiten zusammengefasst werden. Fasst ein Erstklässler noch jeden Buchstaben eines Wortes als eigene Informationseinheit auf, wird für einen geübten Leser ein Wort und von guten Lesern ein ganzer Satzteil zu einer Informationseinheit zusammengefasst.

Schauen Sie sich einmal folgende Zahlenreihen an. In welcher Darstellung können Sie sich diese am besten merken, um sie z. B. aus diesem Buch auf ein Blatt Papier zu übertragen:

3141592653589

31 41 59 26 53 58 9

314 159 265 358 9

Es sind jeweils die gleichen Zahlen und sie können zum Beispiel eine Telefonnummer darstellen oder die Zahlen einer ewig langen Konstanten, wie hier der Kreiszahl π. Ich gehe mal davon aus, dass es Ihnen leichter fiel, sich die zweite oder sogar die dritte Anordnung der Zahlenreihe zu merken. Als Ganzes genommen ist die 13-stellige

Zahl in der Regel zu lang, um sie einfach behalten zu können. Das Gehirn wird in der bewussten Wahrnehmung überfordert und schaltet ab. Die Zahl kann mit einem Blick oder nach einmaligem Aufsagen kaum behalten werden, und in einem Text liest man gerne darüber hinweg. Einfacher wird es, wenn man die Zahlen in zweistellige oder dreistellige Zahlen bündelt und so in Informationsgrößen unterteilt, die vom Gehirn bewusst wahrgenommen werden können. Stellt in der ersten Reihe noch jede der 13 Ziffern eine Informationseinheit dar, verringern sich in der zweiten Reihe die Informationseinheiten um die Hälfte. Und in der dritten Reihe verringert sich die Anzahl weiter. Je nachdem, ob Sie selbst Zahlenfolgen lieber als zweistellige oder dreistellige Zahlen speichern oder erinnern, werden Sie die zweite oder dritte Reihe beim Erfassen leichter finden.

Zum besseren Verständnis schauen Sie sich bitte die drei Punktreihen jeweils für eine Sekunde an und versuchen Sie, von den abgebildeten Informationseinheiten so viele wie möglich zu erinnern. Es ist immer die gleiche Anzahl von Informationseinheiten abgebildet, und trotzdem fällt uns das eine leichter als das andere.

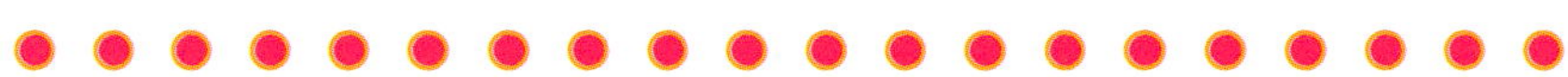

Es sind 20 Punkte abgebildet und jeder einzelne davon steht als eine Sinneseinheit. Ich wage mal zu behaupten, dass Sie nicht alle nach einem Mal Ansehen komplett behalten haben. Sie werden schätzen und auf die Richtigkeit hoffen.

Auch hier sind wieder 20 Punkte abgebildet. Dieses Mal aber in einer anderen Anordnung. Wenn Sie die ganze obere Punktreihe behalten konnten, liegen Sie im Normalbereich der 7 ± 2 Limitierungen der bewussten Aufnahme. Wenn Sie jetzt auch noch behalten haben, wie viele Reihen es insgesamt waren, ist die Lösung eine kleine Rechenspielerei. Auch wenn es einfacher war, diese Punkteanordnung zu behalten, war es immer noch verwirrend für das Auge.

Und jetzt wurde es noch einfacher: Die Punkte wurden in der bekannten Würfeloptik abgebildet. Die Wahrscheinlichkeit, dass Sie alles oder fast alles mit einem Blick erfassen konnten, ist groß. Mit anderen Worten: Wir haben in normalem Bewusstseinszustand nur die Möglichkeit, eine sehr begrenzte Menge an Informationen bewusst aufzunehmen. Je nachdem, welcher Sinneskanal nun der aktivste und durchlässigste ist, wird dies auch der Sinn sein, über den man am einfachsten erinnert.

In jedem Augenblick können dabei 5 bis 9 (7±2) Informationseinheiten bewusst verarbeitet werden. Übersteigt die Anzahl der Informationseinheiten unsere Kapazität, kommt es zu einer Reizüberflutung, die uns verwirrt und uns gegebenenfalls abschalten lässt. Das erklärt, weshalb viele Kinder bei manch einem detailverliebten Mathebuch mit Marienkäfer hier und Schmetterling dort vor lauter visuellen Sinneseindrücken die Konzentration verlieren und abschalten, anstatt ihre Aufgaben zu erledigen.

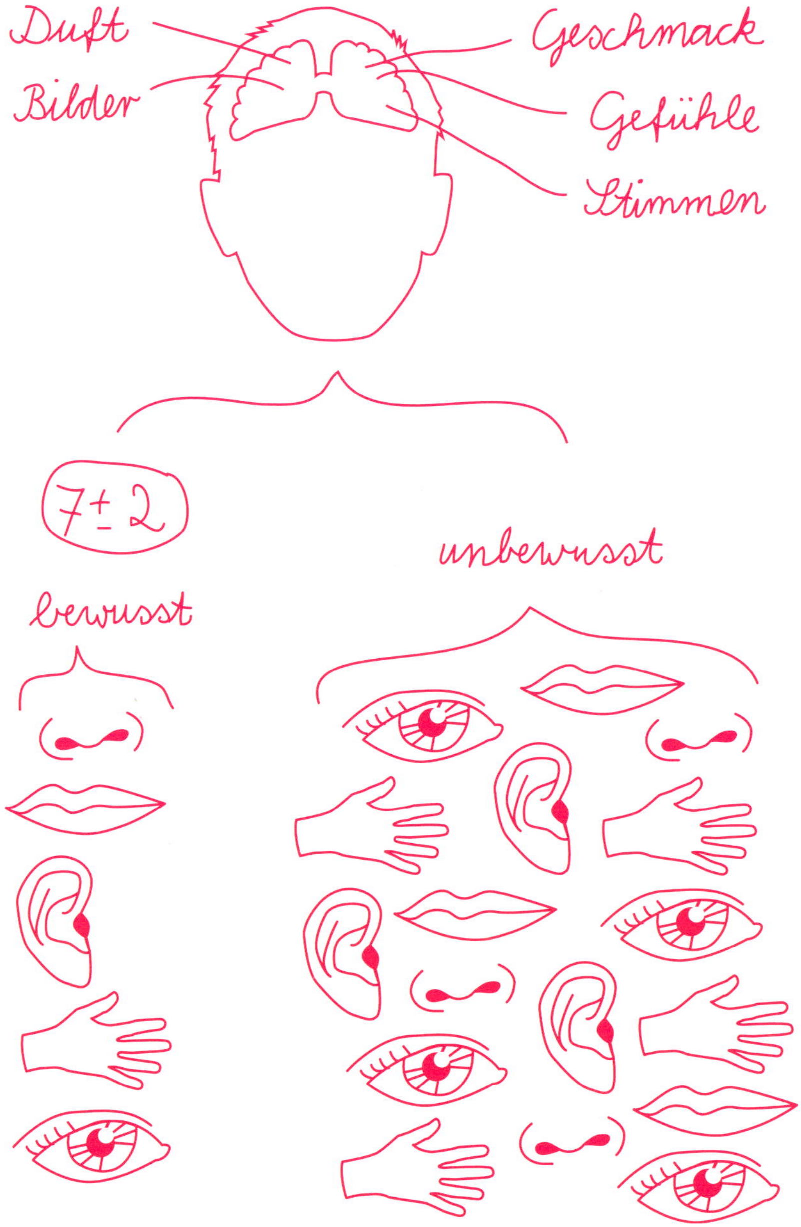
Duft
Bilder
Geschmack
Gefühle
Stimmen
7±2
bewusst
unbewusst

Teil 2
DENKTYPEN

DIE DREI GRUNDTYPEN DES DENKENS

Die Denktypen geben an, wie Menschen im bewussten Zustand bevorzugt denken und lernen. Sie sagen aber nicht, dass man bewusst ausschließlich diese Kanäle benutzt. Jeder von uns hat bewussten Zugang zu allen Sinneskanälen, nur ist zumeist einer davon besser geschult, so dass schwerpunktmäßig häufiger auf diesen zurückgegriffen wird.

visuell auditiv kinästhetisch

VISUELLE DENKER – Ich sehe genau hin.

→ nehmen Informationen bevorzugt über die Augen auf und geben sie in der Kommunikation der Umwelt als sichtbares Werk weiter. Bei der Begrüßung reicht ein Blickkontakt mit einem Lächeln. Sie benötigen bei Gebrauchsanweisungen eine bildliche Darstellung. Sie können mit den viel gerühmten Mind Maps, den Gedankenlandkarten zur bildlichen Darstellung von Informationen, am meisten anfangen.

AUDITIVE DENKER – Ich bin ganz Ohr.
oder besser: „Wie soll ich wissen, was ich denke, bevor ich höre, was ich sage?!"

→ nehmen Informationen gerne über die Ohren auf und geben sie mittels Sprache weiter. Die Begrüßung erfolgt verbal: „Hallo!" Sie lassen sich Gebrauchsanweisungen gerne vorlesen. Für sie ist ein Mind Talk, bei dem zu erinnernde Sachverhalte durchs Gespräch verinnerlicht werden, mehr wert als jedes Mind Map.

KINÄSTHETISCHE DENKER – Ich begreife die Welt.

- → bevorzugen die körperliche Informationsaufnahme und -weitergabe über Bewegung und Emotionen. Die Begrüßung erfolgt mit einem Händedruck oder Schlag auf die Schulter. Dieser ist nicht unbedingt mit Augenkontakt verbunden. Sie ignorieren Gebrauchsanweisungen und basteln munter drauf los. Hier ist ein Mind Move angesagt. Bewegungen, mit denen sie Informationen abspeichern und später wieder abrufen können.

Wenn Sie die verschiedenen Denker beim Aufbau eines Selbstbauregals beobachten, werden Sie schnell den Hauptkanal der Informationsverarbeitung erkennen:

- → Der visuelle Denker wird sich zunächst in Ruhe die Gebrauchsanweisung ansehen. Lass mal sehen!
- → Der auditive Denker wird fragen, was er denn machen soll und gerne diskutieren. Lies mal vor!
- → Der Kinästhet wird ohne zu schauen oder zu fragen munter drauf los werkeln und gegebenenfalls das Regal mehrmals zusammenbauen und auseinanderschrauben. Wenn ein paar Schrauben übrig bleiben, ist es auch in Ordnung. Dann wollen wir mal loslegen!

Selten ist eine Person jedoch nur in einem Sinn zuhause. Meistens ist eine Kombination von zwei Sinnen zu erkennen. Wünschenswert ist natürlich eine Kombination aus allen drei Sinnen, wobei der Schwerpunkt je nach zu bewältigender Aufgabe frei gewählt werden kann. Die gute Nachricht: Das kann geschult werden. Über Aufmerksamkeitslenkung.

In der Schule und im Studium haben die visuellen und auditiven Denker natürlich einen großen Vorteil gegenüber den Kinästheten: Sie können in der Regel ruhig sitzen und dem Lehrer zuhören oder zusehen. Schaut man sich die Schularten nach Denktypen an, kann man feststellen, dass vorwiegend kinästhetische Denker eher in der Hauptschule und schwerpunktmäßig auditive bzw. visuelle Denker eher in der Realschule oder auf dem Gymnasium zu finden sind. Natürlich spielen auch noch andere Faktoren wie Alter (Pubertät!), familiäre Situation etc. eine Rolle, auf die man als Lehrer jedoch nicht unmittelbar einwirken kann. Die Ausrichtung des Unterrichts auf alle Denktypen oder ein gezieltes Denktypentraining in der Grundschule sind jedoch steuerbar.

Auf den nachfolgenden Seiten habe ich zwei Fragebögen für Kindergarten- und Grundschulkinder bzw. für ältere Schüler erstellt, die anhand verschiedener Situationen Rückschlüsse auf den Denktyp des Kindes ziehen lassen.

Sie wählen zwischen drei verschiedenen Antworten und dürfen pro Situation maximal zwei Felder ankreuzen.

Wenn Sie alle Situationen bewertet haben, können Sie am Ende die Nennungshäufigkeiten für die Bereiche visuell, auditiv und kinästhetisch zusammenzählen. Stellen Sie den Kanal, der am häufigsten verwendet wurde, an erste Stelle, den zweithäufigsten Kanal an zweite Stelle und den am wenigsten genannten Kanal an letzte Stelle und Sie haben den momentanen Denktyp des Kindes. Die beiden erstgenannten Kanäle sind die Kanäle des bewussten Denkens, der als drittes genannte Kanal ist der unbewusste oder Tagtraumkanal, wenn er nur Nennungen mit der Häufigkeit zwischen 0 bis 3 aufweist.

FRAGEBOGEN ZU DEN DENKMUSTERN 1

■ visuell
■ auditiv
■ kinästhetisch

VORSCHULE UND KINDERGARTEN 24

AUGENKONTAKT

■ Sehr gut, lange, sucht ihn von sich aus
■ Vorhanden, aber nicht immer aktiv gesucht
■ Selten, wenn dann kurz und eher zufällig

VERBALER AUSDRUCK

■ Bis man sich ein Bild vom Geschehen macht eher verhalten, dann sehr schnell ohne Punkt und Komma, spricht in visuellen Metaphern (das Auto sieht aus wie ein großer Wal)
■ Liebt Diskussionen, spricht lange und wiederholt gerne, sehr wortgewandt, mit großem Wortschatz, spricht in auditiven Metaphern (das hört sich an wie ein kranker Hund)
■ Gestikuliert während des Sprechens, schlechter Zuhörer, vermeidet Diskussionen, spricht in kinästhetischen Metaphern (das kratzt wie Holzwolle)

24 pro Situation höchstens 2 Kreuze

MALEN

■ Detailliert, bunt
■ Spricht beim Malen, beschreibt Gemaltes mit Worten
■ Einfarbig, Gekrakel

BEGRÜSSUNG

- Durch Augenkontakt, aus etwas Distanz
- Mit vielen Worten und Fragen
- Nähesuchend, mit Berührung

BEWEGUNGSDRANG

- Wenig, kann gut still sitzen
- Kann ruhig sitzen, spricht dabei aber
- Immer/viel in Bewegung, gilt als zappelig

SPIELE, DIE EIN GENAUES HINHÖREN ERFORDERN, WIE HÖRMEMORY

- Spielzeug wird zuerst mit den Augen untersucht
- Genaues Hinhören
- Spielzeug wird zunächst mit den Händen begriffen, evtl. ein Gewichtsunterschied erfühlt

ABLENKUNG

- Wenn etwas optisch in Unordnung ist
- Durch Geräusche
- Unbequeme Umgebung, Temperaturschwankung, Gerüche

AUFFÄLLIGKEIT

- Angeben durch zur Schau stellen, z. B. neue Schuhe
- Unterbricht andere, spricht dauernd, kann als vorlaut gelten
- Immer in Bewegung, kommuniziert auch körperlich

REAKTION AUF NICHTSTUN

- Starrt in die Luft, krakelt auf Papier, sucht etwas Interessantes zum Ansehen
- Flüstert, spricht mit sich selbst oder anderen
- Sucht einen Grund sich bewegen zu können, wird unruhig

REAKTION AUF NEUE SITUATIONEN (UNBEKANNTE PERSON)

- Beobachtet
- Bespricht die Vorzüge und Nachteile
- Probiert Dinge aus, fühlt, berührt

MEMORYSPIEL

- Sehr gute Erinnerung
- Gute Erinnerung, wenn die abgebildeten Dinge auch mit Worten benannt werden
- Deckt mehrmals hintereinander die gleichen Kartenpaare auf

TOPFSCHLAGEN

- Sitzt wie erstarrt da, agiert verhalten und vorsichtig
- Reagiert auf heiß/kalt Zurufe, spricht evtl. mit sich selbst
- Schlägt munter drauflos, hat einen großen Aktionsradius

FRAGEBOGEN ZU DEN DENKMUSTERN 2

SCHÜLER AB DER DRITTEN KLASSE 25

BEVORZUGTE LERNART

- Über die Augen, mit Bildern, „Mind Map“
- Über die Ohren, durch Zuhören und Sprechen, „Mind Talk“
- Durchs Tun, in Aktion, „Mind Move“

25 pro Situation höchstens 2 Kreuze

LESEN

- Liebt bildliche Beschreibungen, liest lieber selbst als zuzuhören. Ist leicht verwirrt bei nie vorher gesehenen Wörtern

- Liebt geschriebene Dialoge, bewegt die Lippen beim Lesen, übersieht mitunter Bilder und Zeichnungen, liest gern vor und hört gern zu
- Zeigt beim Lesen auf den Text bzw. begleitet das Gelesene mit Körperbewegungen, mag die Geschichten am liebsten, in denen von Beginn an etwas passiert, bewegt sich beim Lesen, liebt es, Bücher zu berühren

RECHTSCHREIBUNG

- Erinnert Wörter als innere Bilder, Augenbewegung beim Erinnern nach oben [26]
- Erinnert Wörter phonetisch, d.h. schreibt, wie man spricht, Augenbewegung beim Erinnern zur Seite
- Schreibt Wörter auf, um zu fühlen, wie man sie richtig buchstabiert, Augenbewegung beim Erinnern nach unten

[26] weitere Hintergrundinformationen zu den Augenbewegungen im Kapitel Augenbewegungsmuster

HANDSCHRIFT

- Schön, sauber, gute Zeilenaufteilung
- Spricht eventuell beim Schreiben, weniger Schönschrift
- Am Anfang evtl. gut, wird schlechter, wenn am Zeilenende Platz fehlt

ERINNERUNG

- Gut bei Gesichtern und gesehenen Texten Augenbewegung nach oben
- Gut bei Namen und gehörten Texten Augenbewegung zur Seite
- Erinnert am besten, was getan wurde Augenbewegung nach unten

IMAGINATION, VORSTELLUNGSVERMÖGEN

- Lebendige Vorstellung, denkt in Bildern, dabei viele Details
- Denkt in Geräuschen und Worten, Details weniger wichtig, spricht mit sich selbst

- Innere Bilder sind mit Handbewegung verbunden, falls überhaupt vorhanden

KOMMUNIKATION

- Wird ungeduldig, wenn man zu lange zuhören muss
- Liebt Diskussionen, spricht lange und wiederholt gerne
- Gestikuliert während des Sprechens, schlechter Zuhörer, vermeidet Diskussionen

PROBLEMLÖSUNG

- Sieht sich das Problem genau an, Gedanken werden durch Niederschrift oder eine Zeichnung geordnet
- Spricht über Probleme, um sie zu diskutieren und zu lösen
- Impulsiv, wählt die Lösung mit der höchsten Aktivität

REAKTION AUF NICHTSTUN (WARTEN AUFS MITTAGESSEN)

- Starrt in die Luft, malt auf Papier, sucht etwas Interessantes zum Ansehen
- Flüstert, spricht mit sich selbst oder anderen
- Sucht einen Grund sich bewegen zu können, wird unruhig

REAKTION AUF NEUE SITUATIONEN (VERSUCHSAUFBAU IN CHEMIE)

- Beobachtet
- Debattiert die Vorzüge und Nachteile
- Probiert Dinge aus, fühlt, berührt

KONZENTRATIONSFÖRDERNDE MASSNAHMEN

- Wenn etwas optisch dargeboten wird
- Mit leiser Hintergrundmusik, Zimmerbrunnen
- Bei Bewegung, angenehmer Duft, Essen und Trinken

DIE SECHS MISCHTYPEN DES DENKENS

Neben der groben Unterscheidung der drei Hauptlerntypen in visuell – auditiv – kinästhetisch kann eine noch feinere Unterscheidung anhand der Unterteilung in konzentrierte und kreative Aufmerksamkeit erfolgen. Letztlich können 6 Lerntypen, als Kombination aus den Antwortmöglichkeiten des Beobachtungsbogens erkannt werden.

VAK – VKA – AVK – AKV – KVA – KAV

V = visuell A = auditiv K = kinästhetisch

Hierbei ist der erste Kanal der bewusste Kanal der Konzentration. Er wurde im Beobachtungsbogen am häufigsten angekreuzt. Der zweite Kanal ist der verknüpfende Kanal des Übergangs. Man wechselt gerade zwischen Konzentration und Tagtraum. Er wurde am zweithäufigsten genannt. Der dritte Kanal schließlich ist der unbewusste Kanal des Tagtraums und wurde am wenigsten genannt.

Beispiel:
Visuell 8, auditiv 10 und kinästhetisch 5 ergibt demnach einen AVK-Denker mit dem auditiven und dem visuellen Kanal als bewusstem und dem kinästhetischen Kanal als unbewusstem Wahrnehmungskanal.

Visuell 3, auditiv 5 und kinästhetisch 12 ergibt einen KAV-Denker mit dem kinästhetischen als dominantem bewussten Kanal, dem auditiven als weniger starkem bewussten Kanal und dem visuellen als Tagtraumkanal und so weiter.

Lassen Sie sich nicht in die Irre führen, wenn Sie sich oder eine andere Person nicht richtig einordnen können, weil sie alle drei Antworten für richtig halten oder das Ergebnis sehr dicht beieinander liegt. So soll es doch sein! Wer je nach Aufgabe den optimalen Sinneskanal für sich wählen kann, wird durch einen solchen Test nicht einzuordnen sein: Es gibt für ihn keinen dominanten und auch keinen schwachen Wahrnehmungskanal, sondern es wird instinktiv der richtige gewählt und ganzheitlich gedacht.

VAK-LERNTYP

V.A.K

bewusst	= konzentriert	visuell
Schnittstelle	= verbindend	auditiv
unbewusst	= tagträumend	kinästhetisch

Bei der Präsentation von Informationen in sichtbarer Form ist man in der bewussten Aufmerksamkeitsphase und konzentriert bei der Arbeit. Unterstützt werden kann die Konzentration durch Informationen in hörbarer Form, da dies der verbindende Kanal ist. Manchmal kann hier eine kurze Verwirrung auftreten. Bei rein kinästhetischer Tätigkeit wird der unbewusste Kanal angesprochen und man wirkt geistig abwesend. Um dennoch auch bei kinästhetischem Input wach zu bleiben, sollte die körperliche Aktivität mit visueller und/oder auditiver Information – Schaubild mit verbaler Erklärung oder Musik – kombiniert werden.

INFORMATIONSAUFNAHME:

erst ansehen – dann zuhören – wenig erfahren

INFORMATIONSWIEDERGABE:

erst zeigen – dann sprechen – wenig machen

Was das Lernen einfach macht

Dieser Lerntyp lernt am einfachsten durch Ansehen und im Gespräch. Er liest gerne und ist aufgrund der bildlichen Vorstellungskraft gut im Schreiben, Buchstabieren und Korrekturlesen.

Ablenkung und Verwirrung

Der Lerntyp wird bei Fragen, die in den kinästhetischen Bereich zielen, z. B. nach Gefühlen und bei Gesprächen ohne visuelle Unterstützung eher verwirrt.

Was das Lernen erschwert

Der VAK-Lerntyp zeigt und erklärt gerne sein Können, was als Angeben gedeutet werden kann. Er liebt es, einen guten Eindruck zu machen. Er hat mitunter Schwierigkeiten mit körperlichen und praktischen Arbeiten.

Lernaufgabe

Dieser Lerntyp hat für das reine Wie des Denkens nur sehr wenig zu erlernen, da die Schule auf diesen Lerntyp optimal zugeschnitten ist. Wenn die Sportnote auch noch gut sein soll, muss der kinästhetische Kanal trainiert werden.

VKA - LERNTYP

VKA

bewusst	= konzentriert	visuell
Schnittstelle	= verbindend	kinästhetisch
unbewusst	= tagträumend	auditiv

Bei der Präsentation von Informationen in sichtbarer Form ist dieser Lerntyp in der bewussten Aufmerksamkeitsphase und konzentriert bei der Arbeit. Unterstützt werden kann die Konzentration durch

Informationen in körperlicher Form, da dies der verbindende Kanal ist. Manchmal kann hier eine kurze Verwirrung auftreten. Bei rein auditiver Tätigkeit, wie langes Zuhören, wird der unbewusste Kanal angesprochen und man wirkt geistig abwesend. Um dennoch auch bei auditivem Input wach zu bleiben, sollte das Zuhören mit visueller und/oder körperlicher Information – Bilder mit Bewegung – kombiniert werden.

INFORMATIONSAUFNAHME:
erst ansehen – dann erfahren – wenig zuhören
INFORMATIONSWIEDERGABE:
erst zeigen – dann machen – wenig sprechen

Was das Lernen einfach macht
Der VKA-Lerntyp lernt Lesen gut in Stille mit Bewegung. Er lernt durch Beobachten und Ausprobieren ohne mündliche Erklärungen und Notizen. Wenn das Visuelle gut ausgeprägt ist, kann er gut im Schreiben und Buchstabieren sein.

Ablenkung und Verwirrung
Dieser Lerntyp ist manchmal verwirrt bei rein mündlichen Erklärungen ohne Bilder und bei Fragen zu dem, was er denkt oder gehört hat.

Was das Lernen erschwert
Schüler mit diesem Lerntyp sind eher wortkarg, was im mündlichen Unterricht teilweise als nicht beteiligt gewertet wird. Manchmal hat er Schwierigkeiten eine verbale Anweisung gedanklich umzusetzen, bei langen Diskussionen schaltet er gerne ab. Nur mündlich gestellte Hausaufgaben werden leichter vergessen, da sie gar nicht ins Bewusstsein kommen.

Lernaufgabe
Langes Zuhören kann eine Herausforderung sein, die gemeistert werden will, um etwas Gehörtes in Bilder oder Bewegungen umzusetzen.

AVK-LERNTYP

AVK

bewusst	= konzentriert	auditiv
Schnittstelle	= verbindend	visuell
unbewusst	= tagträumend	kinästhetisch

Bei der Präsentation von Informationen in hörbarer Form ist der AVK-Lerntyp in der bewussten Aufmerksamkeitsphase und konzentriert bei der Arbeit. Unterstützt werden kann die Konzentration durch Informationen in sichtbarer Form. Manchmal kann hier eine kurze Verwirrung auftreten. Bei rein körperlicher Tätigkeit wird der unbewusste Kanal angesprochen und man wirkt geistig abwesend. Um dennoch auch bei kinästhetischem Input wach zu bleiben, sollte die Bewegung mit auditiver und/oder visueller Information kombiniert werden.

INFORMATIONSAUFNAHME:
erst zuhören – dann ansehen – wenig machen
INFORMATIONSWIEDERGABE:
erst sprechen – dann zeigen – wenig machen

Was das Lernen einfach macht
Der AVK-Lerntyp lernt leicht im Gespräch und durch Lesen. Er hat eher Schwierigkeiten bei praktischen und körperlichen Arbeiten. Er lernt Sprachen leicht durch Hören und Lesen. In der Schule wird er stark in der mündlichen Bewertung sein und zudem gute schriftliche Arbeiten abliefern können.

Ablenkung und Verwirrung
Bei körperlicher Tätigkeit und bei Berührungen reagiert der AVK-Lerntyp eher verwirrt. Genauso bei Fragen nach seinen Gefühlen.

Was das Lernen erschwert
Der AVK-Lerntyp unterbricht gerne, wenn andere im Gespräch zu lange nachdenken und beherrscht so das Gespräch. Er löst körperliche oder praktische Aufgaben ohne gesprochene oder bebilderte Anleitungen nur schwer.

Lernaufgabe
des AVK-Lerntypen ist es, körperliche Aktivitäten auch in der bewussten Phase einzusetzen und seine auditive Dominanz einzudämmen, so dass er andere aussprechen lassen kann.

AKV-LERNTYP

bewusst	= konzentriert	auditiv
Schnittstelle	= verbindend	kinästhetisch
unbewusst	= tagträumend	visuell

Bei der Präsentation von Informationen in hörbarer Form ist dieser Lerntyp in der bewussten Aufmerksamkeitsphase und konzentriert bei der Arbeit. Unterstützt werden kann die Konzentration durch Informationen in körperlicher Form. Bei rein visueller Tätigkeit wird der unbewusste Kanal angesprochen und man wirkt geistig abwesend. Um dennoch auch bei visuellem Input wach zu bleiben, sollte das Sehen mit Bewegung und/oder bildlicher Information kombiniert werden.

INFORMATIONSAUFNAHME:
erst zuhören – dann machen – wenig ansehen
INFORMATIONSWEITERGABE:
hauptsächlich sagen – dann tun – wenig zeigen

Was das Lernen einfach macht
Lernt leicht im Gespräch, gerne verbunden mit praktischer Arbeit. Lernt Sprachen durch Hören. Kann in der Grundschule in der Mathematik ein Überflieger sein [27] und dann in der weiterführenden Schule merklich nachlassen.

[27] In den ersten 4 Jahren reicht es tatsächlich, die Mathematik über die Ohren auswendig zu lernen, ohne die Mathematik tatsächlich begriffen zu haben. Die einfache Frage nach dem genauen Unterschied von 3 x 4 und 3 + 4 bringt die Erkenntnis: Gibt es „nur" die korrekte Antwort oder auch einen Hinweis darauf, dass 3 mal 4 nichts anderes als 4 plus 4 plus 4 ist. In den höheren Klassen ist ein rechnerischer Erfolg nur dann möglich, wenn man sich zu mathematischen Formeln ein Bild machen kann.

Ablenkung, Verwirrung
entsteht bei dem AKV-Lerntyp bei zu vielen visuellen Informationen – Schaubilder, Bilder an der Wand, Schulbücher mit zu vielen visuellen Details –, die den Tagtraumkanal ansprechen. Gleiches können Fragen nach visuellen Wahrnehmungen auslösen.

Was das Lernen erschwert
Der AKV-Lerntyp unterbricht gerne andere. Besonders wenn diese längere Zeit benötigen, um Sätze zu formulieren. Hat eventuell Schwierigkeiten beim Lesen, liest sich eventuell leise vor. Buchstabiert bevorzugt phonetisch, was bei nicht phonetischen Sprachen wie Deutsch keine hohe Trefferquote hat. Ist oft unzufrieden, wenn Ruhe angesagt ist und verlangt wird, sich etwas bildlich vorzustellen oder sich sichtbar ordentlich zu organisieren.

Lernaufgabe
Das Erzeugen innerer Bilder, die bei Bedarf abrufbar sind. [28] [29]

[28] Gelegentlich fehlt es diesem Lerntyp gänzlich an dem Bewusstsein, dass man sich innere Bilder abrufen und auch erzeugen kann. Hier ist mitunter ein Training „von Null an" erforderlich.

KVA - LERNTYP

KVA

bewusst	= konzentriert	kinästhetisch
Schnittstelle	= verbindend	visuell
unbewusst	= tagträumend	auditiv

Dieser Typ kommt bei der Präsentation von Informationen in körperlicher Form in die bewusste Aufmerksamkeitsphase und ist konzentriert bei der Arbeit. Unterstützt werden kann die Konzentration durch Informationen in sichtbarer Form. Bei rein auditiver Tätigkeit wird der unbewusste Kanal angesprochen und man wirkt geistig abwesend. Um dennoch auch bei auditivem Input wach zu bleiben, sollte das Hören mit Bewegung und/oder Bildern kombiniert werden.

INFORMATIONSAUFNAHME:
erst erfahren – dann ansehen – wenig zuhören
INFORMATIONSWIEDERGABE:
erst machen – dann zeigen – wenig sprechen

Was das Lernen einfach macht
der KVA-Lerntyp lernt sehr leicht im praktischen Unterricht, besonders, wenn dazu bildliche Anweisungen gegeben werden. Er liest gut, wenn das Lesen mit Bewegung 30 oder einer körperlich angenehmen Umgebung 31 verknüpft wird und gerne, wenn das Buch voller Aktion ist. 32

Ablenkung, Verwirrung
entsteht, wenn der KVA-Lerner an Diskussionen teilnimmt oder langen mündlichen Erklärungen folgen soll.

Was das Lernen erschwert
Dem KVA-Lerntyp kann es im wörtlichen Sinne die Sprache verschlagen. Er zieht sich dann körperlich zurück.

Lernaufgabe
über den auditiven Kanal Informationen bewusst aufzunehmen und dann in Bewegung oder innere Bilder umwandeln zu können. Den Bewegungsdrang in kleine Bewegungen umzulenken. 33

29

Angesichts der riesigen Informationsflut schon während der Schulzeit, aber auch im Studium, ist der auditive Kanal ein durchaus machbarer, aber zeitaufwendiger Hauptkanal. Während sich visuelle Lerner eine Latein-Vokabelseite mit Hilfe der inneren Kamera abfotografieren und jederzeit als inneres Bild abrufen können, muss sich ein auditiver Lerner durch jedes Vokabelpaar einzeln kämpfen und das auch noch nach beiden Richtungen: Latein – Deutsch und Deutsch – Latein! Effizienz ist etwas anderes...

30

während des Lesens langsam gehen

31

im kuscheligen Bett oder mit einer Duftlampe neben dem Schreibtisch

32

Bloß kein Karl May, der auf unendlich vielen Seiten eine Landschaft beschreibt

33

Pech gehabt in der Schule? Nein, als Bewegung reicht auch eine kleine Bewegung (Pfeifenreiniger zum Verbiegen, etwas zu stricken, ein Heft, das mit unansehnlichem Gekrakel versehen wird). Zudem wird in der schriftlichen Note (wie gut, dass es den visuellen Kanal zur Unterstützung gibt!) noch was gut zu machen sein...

KAV-LERNTYP

KAV

bewusst	= konzentriert	kinästhetisch
Schnittstelle	= verbindend	auditiv
unbewusst	= Tag träumend	visuell

Bei der Aufnahme von Informationen über den Körper durch Anfassen und Begreifen ist man in der bewussten Aufmerksamkeitsphase und konzentriert bei der Arbeit. Unterstützt werden kann die Konzentration durch Informationen in auditiver Form, da dies der verbindende Kanal ist. Manchmal kann hier eine kurze Verwirrung auftreten. Bei rein visueller Tätigkeit wird der unbewusste Kanal angesprochen und man wirkt geistig abwesend. Um dennoch auch bei visuellem Input wach zu bleiben, sollte das Sehen mit kinästhetischer und/oder auditiver Information kombiniert werden.

INFORMATIONSAUFNAHME:
erst erfahren – dann zuhören – wenig ansehen
INFORMATIONSWIEDERGABE:
erst machen – dann sprechen – wenig zeigen

Was das Lernen einfach macht
Der KAV-Lerntyp liebt praktisches Arbeiten und Diskussionen. Dabei lernt er körperliche Bewegungsabläufe einfach durch Ausprobieren und im Gespräch. Er selbst bringt anderen Menschen Bewegungsabläufe bei, indem er ihnen etwas vormacht und dabei spricht.

Ablenkung und Verwirrung
Der KAV-Lerntyp wird bei zu starkem visuellen Input ohne Bewegung und Gespräch leicht verwirrt.

Was das Lernen erschwert
Der KAV-Lerntyp kann als hyperaktiv gelten, weil Bewegung gesucht wird, um konzentriert zu bleiben. Wegen geringer bildlicher Vorstellungskraft hat er meist Schwierigkeiten beim Buchstabieren. Gleiches gilt für die Mathematik nach der Grundschule.

Lernaufgabe
Das Erzeugen und das bewusste Abrufen-Können innerer Bilder.

EINE AUFGABE AUS DER MATHEMATIK

und der mögliche Denkablauf bei den verschiedenen Denktypen

„Zwei Personen stehen Rücken an Rücken aneinander und gehen jeder für sich geradeaus, so dass sie sich immer weiter voneinander entfernen. Nachdem beide jeweils genau acht Kilometer gegangen sind, dreht sich jeder von sich aus gesehen in einem 90°-Winkel nach links und legt weitere sechs Kilometer zurück. Wie weit sind beide Personen nun voneinander entfernt?“

Eine schöne Frage aus der Mathematik, bei der der gute Pythagoras zum Einsatz kommt. Also: sich zunächst ein Bild von der ganzen Sache machen, dann diskutieren und dann nachstellen oder doch lieber zuerst diskutieren, dann nachstellen und dann…? Schauen wir uns jeden Denker und seine Art, die Aufgabe zu lösen, doch einfach mal an:

AVK-DENKER

- Zunächst wird die Aufgabe entweder in der Gruppe oder auch im Selbstgespräch wiederholt und diskutiert *(auditiv-bewusst)*
- Dann wird eine Skizze der Aufgabe gemacht und die Längenabmessungen eingetragen *(visuell-verbindend)*
- Zuletzt wird entweder tatsächlich mit dem Körper oder Körperbewegungen oder gedanklich mit inneren Körperbewegungen [34] in scheinbarer geistiger Abwesenheit der Gedankengang fortgeführt und eventuell mit anderen Längenabmessungen oder in einer anderen Aufgabenstellung ausgestattet *(kinästhetisch-kreativ)*

34 nicht unbedingt sichtbar

AKV-DENKER

- Zunächst wird die Aufgabe entweder in der Gruppe oder auch im Selbstgespräch wiederholt und diskutiert *(auditiv-bewusst)*
- Wie von selbst werden dann Hände und Arme eingesetzt und eventuell auch Mäppchen oder dergleichen benutzt, um die Szene nachzustellen. Bei starken Kinästheten werden auch Teile der Aufgabe mit dem eigenen Körper nachgestellt. Dabei können Momente der Ruhe entstehen, in denen jeder schweigsam für sich die Aufgabe verarbeitet *(kinästhetisch-verbindend)*
- Zuletzt wird das bis dahin Erarbeitete mit den Längenangaben auf ein Blatt Papier gebracht und der gute Pythagoras kommt ins Spiel *(visuell-kreativ)*

VAK-DENKER

- Zunächst wird eine Skizze von der Aufgabe zu Papier gebracht und die Längenabmessungen eingetragen *(visuell-bewusst)*
- Dann werden im Gespräch weitere Unklarheiten besprochen und zum Teil beseitigt *(auditiv-verbindend)*
- Zum Schluss wird entweder tatsächlich mit dem Körper oder Körperbewegungen oder gedanklich mit inneren Körperbewegungen in scheinbarer geistiger Abwesenheit der Gedankengang fortgeführt und eventuell mit anderen Längeneinheiten oder in

einer anderen Aufgabenstellung verbunden *(kinästhetisch-kreativ)*

VKA-DENKER

- Zunächst wird eine Skizze von der Aufgabe zu Papier gebracht und die gegebenen Längenabmessungen eingetragen *(visuell-bewusst)*
- Dann wird mit passenden Körperbewegungen die Richtigkeit der Skizze überprüft *(kinästhetisch-verbindend)*
- Und zuletzt werden die Ergebnisse in einem Selbstgespräch diskutiert *(auditiv-kreativ)*

KAV-DENKER

- Zunächst wird die Aufgabe mit dem ganzen Körper nachempfunden und mit diesen Handzeichen und Körperdrehungen die Aufgabenstellung begriffen *(kinästhetisch-bewusst)*
- Dann wird die Richtigkeit der Umsetzung der Aufgabe diskutiert und evtl. Fehlerquellen besprochen *(auditiv-verbindend)*
- Zum Schluss wird der gefundene Lösungsweg zu Papier gebracht. Es entsteht nicht unbedingt eine schöne Zeichnung *(visuell-kreativ)*

KVA-DENKER

- Zunächst wird die Aufgabe mit dem ganzen Körper nachempfunden und mit Handzeichen und Körperdrehungen die Aufgabenstellung begriffen *(kinästhetisch-bewusst)*
- Dann wird eine Skizze der Aufgabenstellung angefertigt *(visuell-verbindend)*
- Im Selbstgespräch – keine Diskussion mit anderen, da Tagtraum – werden weitere Erkenntnisse gefunden oder die Richtigkeit des Lösungsweges überprüft *(auditiv-kreativ)*

Bei einer solchen Aufgabenstellung werden, solange die Lösungsfindung nicht durch mehrmaliges Wiederholen automatisiert ist und tatsächlich nachgedacht werden muss, die einzelnen Phasen mehrmals durchlaufen. Die Häufigkeit der Abfolge und die Länge der einzelnen Phasen variieren dabei von Denktyp zu Denktyp.

Spannend ist es natürlich, wenn ein Schüler sehr stark nur einen Kanal benutzt. Die zuvor beschriebene, einfache Transferaufgabe ist für diesen Denktypen dann nicht unbedingt lösbar:

→ Der stark auditive wird die Aufgabe ausdiskutieren und dabei häufig die Frage Wie? stellen. Gibt man ihm als Hinweis den Pythagoras mit auf den Weg, wird er verdutzt schauen und den Zusammenhang zwischen dieser Aufgabe und der Formel ($a^2 + b^2 = c^2$) nicht unbedingt nachvollziehen können. Man muss für ihn weitere Kanäle, besonders das Bild, zur Verständnisunterstützung hinzuziehen.

→ Der stark kinästhetische Denker wird sogleich die Aufgabe nachstellen wollen. Manchmal muss man ihn davon überzeugen, dass man als Einheit auch Gänsefüßchen oder kleine Schritte, anstatt der vorgegebenen Kilometer nehmen kann. Er vollzieht die Aufgabe körperlich und auch wenn die Ausgangspositionen markiert wurden, fällt es ihm schwer, daraus eine Sinn bringende Lösung zu basteln. Auch ihm muss mindestens ein weiterer Sinn geöffnet werden.

Zunächst stehen beide Personen unmittelbar aneinander Rücken an Rücken

Ausgangssituation

Dann geht jeder 8 km geradeaus und nach einer 90°-Drehung nach links weitere 6 km geradeaus.

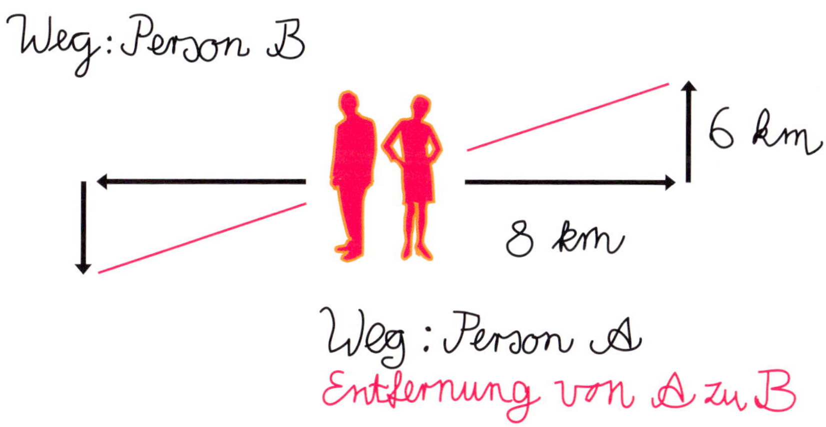

Endsituation

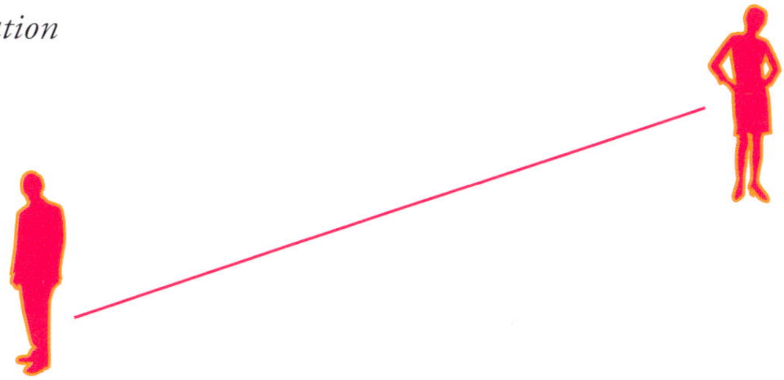

Wenn man diese Form nun zu einem rechtwinkligen Dreieck umwandelt, kann man durch Anwendung des Satzes von Pythagoras leicht die Entfernung von A nach B errechnen.

$a^2 = (6 + 6)^2 = 144\ km^2$
$b^2 = (8 + 8)^2 = 256\ km^2$
$c^2 = 400\ km^2$

Da man nicht die gesamte Fläche von c^2 als Ergebnis erhalten möchte, sondern lediglich die Länge der Kante, muss man die Wurzel aus 400 ziehen. c = 20 km!

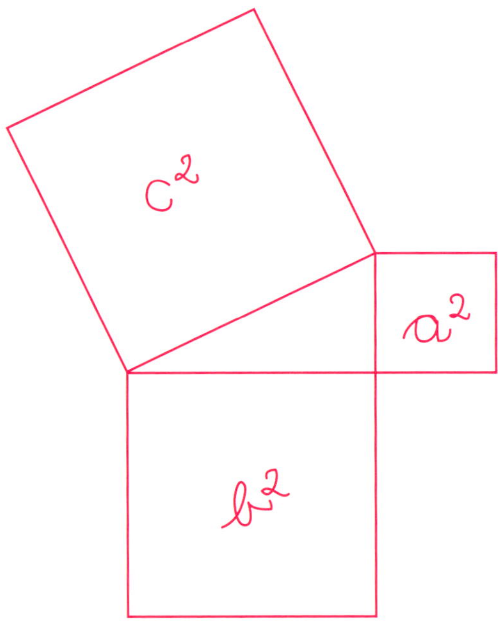

Und welcher unserer 5 Sinne ist der wichtigste Sinn in der höheren Mathematik? Der visuelle. Ein auditiver Denker kann ein sehr guter Rechner sein, nur ein visueller aber vermag die Weihen der hohen Mathematik zu erreichen. Deshalb ist es in der Mathematik wichtig, nicht nur den Stoff denktypengerecht aufzubereiten, sondern auch die nicht visuellen Denktypen zum Sehen zu bringen.

Teil 3
ÜBUNGEN ZUM WAHRNEHMUNGS-TRAINING

TAFEL DER SINNE

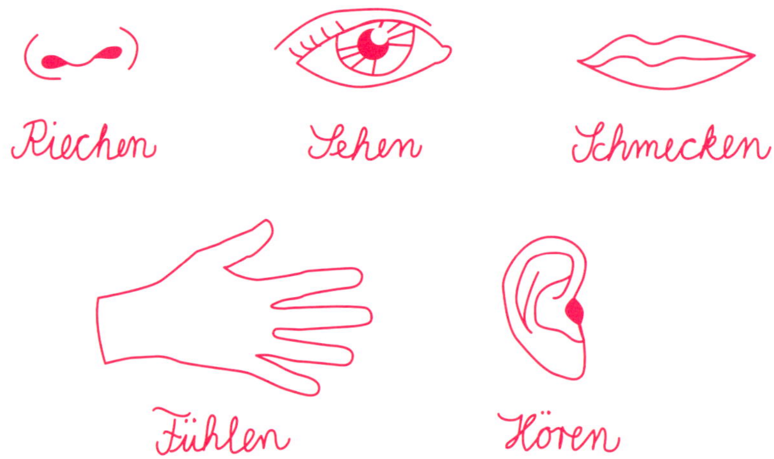

Eine einfache Möglichkeit des bewussten Trainierens aller Sinne schon bei kleinen Kindern ist die Tafel der Sinne, mit deren Hilfe Objekte (Beispiel: Kirsche) mit allen Sinnen wahrgenommen werden. Aufgabe der Kinder ist es, verschiedene Gegenstände mit allen Sinnen bewusst zu untersuchen und die Ergebnisse in Worten zu beschreiben. Es wird bei manch einem Kind auffallen, dass ihm zu dem einen oder anderen Kanal anfangs nur wenige beschreibende Worte einfallen. Erst mit der Zeit und etwas Übung kommen einige Kinder darauf, ihren eigenen Wortschatz mit von ihnen selbst weniger oft verwendeten Ausdrücken auszubauen und diesen aktiv zu nutzen.

Visuell:	rot, hellbrauner Kern
Auditiv:	der Stiel ploppt, wenn man die Kirsche im Mund hat und ihn wegzieht
Kinästhetisch:	die Kirsche ist kalt, glatt. Der Stiel ist hart
Gustatorisch:	süß oder sauer
Olfaktorisch:	duftet nach Kirsche

MÄRCHEN MIT ALLEN SINNEN

Ein bekanntes Märchen – zum Beispiel Rotkäppchen – wird in einzelne Szenen aufgeteilt.

- Abschied von der Mutter
- im Wald allein
- im Wald mit Wolf
- Wolf bei Oma
- Rotkäppchen in Omas Haus
- Jäger

Die Kinder sind in einen Erzähler und fünf Szenenausschmücker für die fünf Sinne eingeteilt. Der Erzähler schildert kurz und knapp die Fakten der einzelnen Szene und zeigt dann nacheinander auf die Szenenausschmücker. Die gewählten Kinder sollen schildern, wie sie die einzelnen Szenen mit der durch sie zu vertretenden Sinneswahrnehmung erleben.

Visuell

„Ich sehe Rotkäppchen als ein Kind mit kurzen schwarzen Haaren und grünen Augen. Es hat ein weißes Kleid an und braune Schuhe. Sein Käppchen schillert kirschrot."
„Die Mutter hat lange braune Haare und braune Augen. Sie trägt ein tiefblaues Kleid und blaue Schnürschuhe."

Auditiv

„Rotkäppchen hat eine fröhliche Kinderstimme und
lacht sehr viel." – „Die Mutter hat eine tiefe Frauenstimme, spricht langsam und sehr leise."

Kinästhetisch

„Rotkäppchen ist voller Freude, alleine zur Oma gehen zu dürfen. Sie hüpft herum und ist kaum zu bremsen."
„Die Mutter warnt das Kind vor dem Wolf und hat eine Vorahnung. Sie ist nicht so fröhlich, weil sie die Gefahr kennt."

Olfaktorisch

„Die Blumen duften nach einer Sommerwiese. Aus dem Stall riecht es nach Heu. Aus dem Korb duftet der Geruch des frisch gebackenen Kuchens."

Gustatorisch

„Voller Übermut hat Rotkäppchen von dem Kuchen genascht und den Geschmack leckerer Schokostreusel im Mund."

So geht der Erzähler mit den Kindern reihum jede Szene durch und es entsteht ein buntes Bild der Geschichte.

VERÄNDERE WAS

In Dreiergruppen

Person 1 stellt sich gut sichtbar vor die anderen hin. Die beiden anderen prägen sich die Körperhaltung ein und schließen dann die Augen. Person 1 verändert nun drei Dinge an ihrer Körperhaltung oder ihrer Kleidung. Die beiden anderen Personen öffnen die Augen und finden heraus, welche Dinge verändert wurden.

Zunächst werden gut sichtbare Dinge, zum Beispiel die Armposition, ein Ring, verändert, dann werden die Veränderungen immer feiner und unscheinbarer, z. B. wird die Fingerhaltung leicht verändert. Bei Profis kann auch die Anzahl der zu verändernden Dinge auf 5 oder 7 hochgesetzt werden.

WAHRNEHMUNGSMEMORY

Bild – Schriftbild

Ein etwas anderes Memory. Ein Teil des Kartenpaares zeigt ein normales Bild, der andere Teil des Paares ist als Wortbild gegeben. Hier zeigt sich, dass manche Kinder sehr gut mit zwei Bildkarten Memory spielen können, wenn jedoch eine Bildkarte des Paares durch ein Wortbild ersetzt wird, kann dieses Spiel zur Herausforderung werden.

SUCH DAS PAAR

Die Kinder gehen paarweise zusammen. Kind A bekommt fünf Gegenstände in doppelter Ausführung. Die eine Hälfte versteckt es im Raum, die andere Hälfte bleibt auf einem Tisch liegen. Diese zeigt es dem anderen Kind solange, bis dieses sie sich eingeprägt hat. Dann werden die Gegenstände verdeckt und das Kind B muss zunächst die versteckten Doppel suchen und jeweils die Gegenstücke auf dem Tisch wieder finden.

AB IN DIE KISTE

Die Kinder schauen dabei zu, wie verschiedene Gegenstände von einem Behälter in einen anderen gepackt werden. Sie müssen versuchen, sich so viele wie möglich zu merken. Wenn alle Gegenstände den Behälter gewechselt haben, dürfen sie aufzählen, was sie gesehen haben.

HÖR GUT HIN

In Dreiergruppen

Ein Raum, in dem Gehgeräusche gut wahrnehmbar sind. Person 1 sitzt mit geschlossenen Augen auf einem Stuhl. Person 2 und Person 3 stehen hinter Person 1. Person 2 geht auf der Stelle und sagt dann ihren Namen, so dass sich Person 1 das Gehgeräusch zusammen mit der Person 2 merken kann. Person 3 geht auf der Stelle und sagt ihren Namen, so dass sich Person 1 das Gehgeräusch zusammen mit der Person 3 merken kann.

Dieses wird zwei- bis dreimal wiederholt, so dass sich Person 1 die unterschiedlichen Gehgeräusche einprägen kann. Dann geht Person 2 oder Person 3 wortlos auf der Stelle und Person 1 muss erkennen, wer es ist. Wird Person 1 unsicher oder verwirrt, gehen Personen 2 und 3 abwechselnd wieder auf der Stelle und sagen zuvor ihren Namen, so dass der Gang der Person eindeutig zugeordnet werden kann.

Die Übung kann auch mit Musikinstrumenten oder anderen Geräuschen, z. B. Klatschen, Fingerschnipsen, etc. durchgeführt werden. Person 1 sitzt mit geschlossenen Augen auf einem Stuhl. Person 2 und Person 3 stehen mit ähnlich klingenden Musikinstrumenten etwas entfernt. Person 2 erzeugt einen Laut auf ihrem Instrument und sagt ihren Namen. Person 3 ruft ebenfalls einen Laut auf ihrem Instrument hervor und sagt ihren Namen. Dieses wird zwei- bis dreimal wiederholt, so dass sich Person 1 die unterschiedlichen Klänge in Verbindung mit dem jeweiligen Namen einprägen kann. Person 2 oder 3 erzeugt mit ihrem Instrument in unregelmäßiger Abfolge den Klang und Person 1 muss dem Klang den Erzeuger zuordnen.

FÜHL GENAU

In Dreiergruppen

Voraussetzung ist, dass man die Erlaubnis erhalten hat, Person 1 an einem vorher gewählten Körperteil – Oberarm, Handrücken, Rücken – zu berühren. Person 1 hat die Augen geschlossen. Personen 2 und 3 berühren Person 1 abwechselnd an der vereinbarten Körperstelle und nennen ihren Namen. Wenn Person 1 sich die unterschiedlichen Berührungsweisen eingeprägt hat, berühren Person 2 oder 3 in gemischter Reihenfolge die gewählte Körperstelle und Person 1 muss an der Berührung die Person identifizieren.

ARCHE NOAH

Jedes Kind bekommt einen Zettel mit einem Tierbild, eventuell Tiermemory-Karten. Jedes Tier kommt zweimal vor. Alle Kinder bewegen sich frei im Raum herum. Auf ein Signal des Zoowärters „Alle

Tiere in den Stall!" schaut jedes Kind auf seinen Zettel und sieht, welches Tier es selbst ist. Die jeweilige Tierstimme wird nachgeahmt und so das andere Tier seiner Art gefunden.

REGEN, HAGEL, SCHNEE

Alle Kinder sitzen im Kreis. Vom „Regenmacher" werden mehrere Niederschlagsarten vorgestellt:

→ Hände aneinander reiben = leichter Nieselregen
→ Finger schnipsen = Regentropfen
→ Finger auf die Oberschenkel tippen = Hagel
→ Hände klatschen und Füße aufstampfen = Unwetter

Zunächst ahmt jeder mit dem Regenmacher die verschiedenen Bewegungen nach und schließt dann die Augen. Der Regenmacher gibt nun die Regenart an seinen rechten Nachbarn weiter, bis das Geräusch wieder bei ihm ankommt. Dann wechselt er die Regenart. Hier ist genaues Zuhören gefragt, um erst dann zu reagieren, wenn man tatsächlich an der Reihe ist.

GERÄUSCHMEMORY

Ein Kind geht vor die Tür. Je zwei Kinder im Raum sind ein Tierpaar. Sie sprechen sich ab, welches Geräusch dieses Tier machen soll. Dann verteilen sich alle Kinder im Raum und das Kind wird von draußen herein geholt. Durch Antippen der einzelnen Kinder bringt es sie dazu, ihr Geräusch zu machen, um so die Tierpaare zu finden.

TELEGRAFIEREN

Alle Kinder sitzen so im Kreis, dass jedes mit dem Gesicht auf den Rücken des vor ihm sitzenden Kindes sehen kann. Der Spielleiter beginnt nun zu telegrafieren, indem er mit dem Finger auf den Rücken des Vordermanns eine Figur zeichnet. Die Kinder nehmen die Berührung wahr und geben sie an den Vordermann. Der letzte wiederum zeichnet sein Ergebnis auf ein Papier.

AUDITIVE WAHRNEHMUNG IN VISUELLE UMSETZEN

Bei den folgenden Bildern ist das gegebene Ausgangsbild zu ergänzen. Dazu stehen am Seitenende Beschreibungen, die den Schülern vorgelesen werden. Je nach Schwierigkeitsgrad wird nur ein Satz genannt und die Kinder dann ermuntert, das Bild entsprechend zu ergänzen. Oder es werden drei oder mehr Hinweise mündlich gegeben, so dass sich der Schüler im Kopf ein eigenes Bild von der Situation macht und erst zum Schluss das imaginäre Bild auf Papier umsetzt. Ziel ist es, dem Schüler mindestens fünf Anweisungen auf einmal geben zu können, die zunächst als inneres Bild erstellt und dann auf Papier gebracht werden.

Die Meisterschaft in der bildhaften Erstellung und Erinnerung ist erreicht, wenn man den Kindern das Blatt gibt und alle Anweisungen vorliest, so dass sie sich innerlich ein Bild von der Situation machen können. Dann gibt es eine ca. fünfminütige Unterbrechung, in der etwas anderes gemacht wird. Erst nach diesen fünf Minuten kommt dann die Aufforderung, das Bild nach den vorangegangenen Anweisungen aus dem Kopf zu zeichnen.

Zu erinnernde Details (vorlesen)

- Rechts neben dem Baum schaut ein Maulwurf aus seinem Hügel heraus.
- Links über dem Baum strahlt die Sonne leicht hinter einer Wolke hervor.
- Eine Katze sitzt im Baum.
- Links unten neben dem Baum ist ein Brombeerbusch.
- Rechts oben in der Luft kommt ein Vogel angeflogen.
- Am Baumstamm laufen Ameisen rauf und runter.
- Rechts unten steht ein Bienenkorb mit ein paar Bienen.
- Der Baum trägt rote Kirschen.

Mögliches Lösungsbild (nach einer Kinderzeichnung)

Zu erinnernde Details (vorlesen)

- Das Haus hat vorne an der schmalen Seite eine Tür und ein Fenster.
- Auf dem Dach sitzt ein Hahn.
- An der langen Seite des Hauses sind drei Fenster.
- Rechts neben dem Haus steht ein Fahrrad.
- Im Dach sind zwei Fenster.
- Links vom Haus steht eine Sitzbank, sie ist grün.
- Der Himmel ist bewölkt, es blitzt oben rechts.
- Die Tür des Hauses ist pink.

Zu erinnernde Details (vorlesen)

- Die rechte Tür des Autos ist geöffnet.
- Das Auto steht vor einer offenen Garage.
- Ein Ersatzrad liegt auf dem Boden.
- Neben der Garage steht ein großer Baum.
- An dem Baum hängt eine Schaukel.
- Ein Schmetterling fliegt über der Garage.
- Eine Schnecke kriecht vor dem Baum in Richtung Auto.
- Das Auto ist rot.

BEWEGUNGSMEMORY

Ein Kind geht vor die Tür. Je zwei Kinder im Raum sind ein Tierpaar. Sie sprechen sich ab, welche typische Bewegung dieses Tier machen soll. Dann verteilen sich alle Kinder im Raum und das Kind wird von draußen herein geholt. Durch Antippen der einzelnen Kinder bringt es sie dazu, ihre Bewegung zu machen, um so die Tierpaare zu finden.

TASTMEMORY SENSORY [35]

Das Tastmemory Sensory ist, wie der Name vermuten lässt, als Fühlspiel gedacht. In einem Stoffsäckchen sind 23 Holzfigurenpärchen enthalten, die von den Mitspielern innerhalb einer durch die Sanduhr begrenzten Zeit erfühlt werden sollen. Das Säckchen wird geöffnet und der Spieler versucht nun, innerhalb dieser einen Minute durch Fühlen mit einer Hand so viele Holzpärchen wie möglich zu sammeln. Hierbei darf die Hand nach Spielbeginn erst aus dem Säckchen genommen werden, wenn der Spieler glaubt, ein gleiches Paar gefunden zu haben. Alternativ nimmt der Spieler ein Holzteil heraus und sucht anschließend das passende Gegenstück. Wurde ein Holzpaar gefunden, darf der Spieler dieses behalten und solange weitersuchen, bis die Sanduhr abgelaufen ist. Nach dieser Zeit, oder wenn der Spieler zwei ungleiche Teile herausgenommen hat, geht die Reihe an den nächsten Spieler. Dies geschieht solange, bis alle Holzpaare gefunden sind. Wer am Ende die meisten Pärchen gesammelt hat, gewinnt das Spiel. Im Laufe des Spiels werden ganz nebenbei auch mathematische Begriffe zur Unterscheidung der Figuren eingeführt.

[35] www.sensory.de

SENSORY VISUELL

Die Figuren können auch zur Schulung des rein visuellen Kanals verwendet werden. Es werden fünf Holzfigurenpaare aus dem Säckchen herausgeholt. Die Paare werden getrennt und jeder der beiden Mitspieler bekommt die gleichen Figuren. Ein Kind stellt seine Figuren in beliebiger Reihenfolge nebeneinander bzw. wahllos vor sich auf. Das andere Kind prägt sich die Lage und Reihenfolge dieser Figuren – neben, vor, hinter, auf, unter – genau ein. Dann werden die Bauklötze des ersten Kindes abgedeckt. Mit seinem Set Holzfiguren soll das zweite Kind die gezeigte Formation wiedergeben. Es kann sein, dass bei wenig visuellen Spielern die Paaranzahl zunächst auf drei Stück reduziert und im Laufe des Trainings erhöht werden muss.

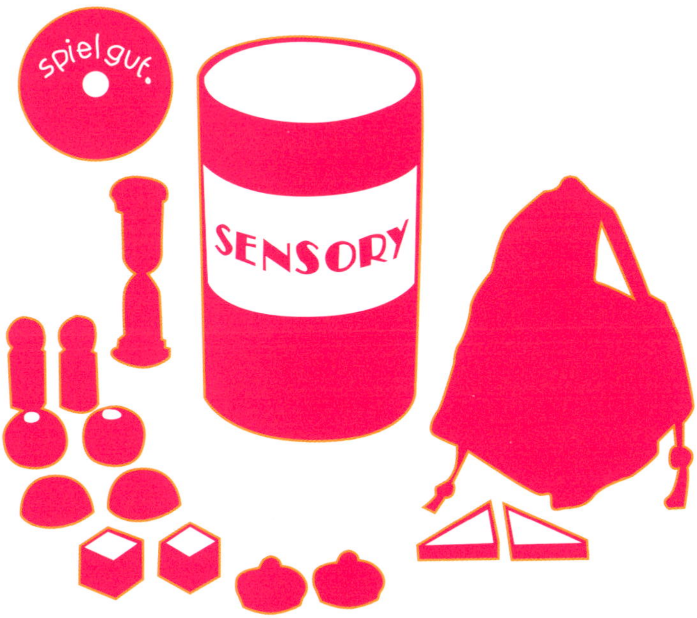

LINKS-RECHTS-UNTERSCHEIDUNG

Die Unterscheidung von rechts und links stellt für viele Kinder eine besondere Herausforderung dar: Wie soll man begreifen, dass rechts und links immer von sich selbst aus betrachtet angegeben wird, und dass zwei sich gegenüberstehende Personen in entgegengesetzte Richtungen zeigen, wenn sie links meinen? Um dies zu verdeutlichen gibt es einen simplen Trick: Beide Hände mit den Außenflächen zum Gesicht vor sich halten. Die Daumen im 90°-Winkel von den anderen Fingern gestreckt halten – die linke Hand bildet aus den Fingern und dem Daumen ein großes L – wie links.

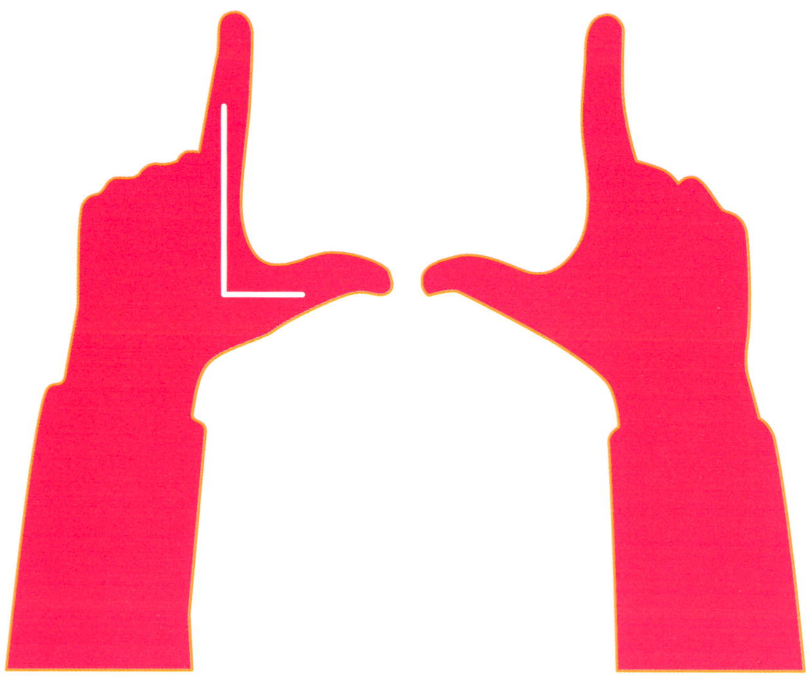

Für Kinder, die das L verdrehen, kann man einen kleinen Löwen auf das richtige L malen.

Teil 4

SINNESSPEZIFISCHE SPRACHE

ALLGEMEIN

Die auf bewusster Ebene bevorzugten ein oder zwei Sinneskanäle zur „Datenverarbeitung" spiegeln sich auch in der verbalen Ausdrucksweise der Menschen wider. Wir wählen unbewusst die für den jeweiligen Sinneskanal passenden Worte, um unsere innere Gedankenwelt in Worten auszudrücken. So wird eine visuell geprägte Person Worte benutzen, die aus dem bildlichen Bereich kommen, eine auditive bzw. kinästhetische Person jeweils passende Worte aus ihrem Bereich. Die Art des Denkens hinterlässt durch die Wortwahl einen Fußabdruck in der verbalen Sprache. Nur wenige Menschen benutzen ständig Worte, die allen Sinneskanälen zuzuschreiben sind.

Ein schönes Beispiel für ein gelungenes ganzheitliches Erfassen der Welt erlebt man in den Harry Potter-Büchern. Die Autorin vermag es meisterlich, den Lesern die Geschichte über alle Sinneskanäle zu vermitteln. Wo es nur geht, wird gesehen und gehört, gefühlt, gerochen und auch geschmeckt! Eine Achterbahnfahrt für die Sinne, in der sich jeder Denktyp wiederfindet. Ein Grund für den großen Erfolg von Frau Rowling mit ihrem Harry Potter. Dagegen kann man zum Beispiel an Karl Mays Büchern schnell sehen, welcher Denktyp den meisten Spaß mit ihnen hat. Nicht, dass Karl May die anderen Sinne gänzlich außer Acht gelassen hätte. Nein, auch er benutzt sie alle, aber er kann eben auch auf 20 Buchseiten 50 Meter Prärie in allen Einzelheiten detailgetreu in Bildern beschreiben. Man muss es wirklich lieben... und die Geräusche hier und da selbst entstehen lassen oder über die weniger interessanten Abschnitte wegblättern.

Im Kinderbuchbereich sind die Bücher vom „Sams" von Paul Maar beeindruckend auditive Bücher. Es wird gereimt und gesungen. Das Buch hat natürlich auch kinästhetische und visuelle Beschreibungen, Grundtenor ist jedoch das Auditive mit viel wörtlicher Rede. Auditiv angehauchte Leser werden es lieben – als Hörbuch noch viel mehr!

„Es ging auf die Tür zu und fing schon wieder an spöttisch zu *singen:*

> „Herr Daume, Herr Daume
> ist eine falsche Pflaume.
> Herr Daume ist kein Taschenbier,
> drum gehe ich und bleib nicht …"

„Halt!", *rief* Herr Daume dazwischen. „Ich wünsche, dass du sofort stehen bleibst!" – „Au!" Das Sams *schrie auf* und blieb wie angewurzelt stehen." [36]

[36] Maar, Paul. Das Sams in Gefahr. Oettinger Verlag, Hamburg, 2002. S. 25 – ISBN 3-7891-4233-6; kursiv gedruckte Wörter von der Autorin hervorgehoben

Im Folgenden finden Sie fünf Listen mit Wörtern, die jeweils einem Sinn zugeordnet werden können:

VISUELL GEPRÄGTE SPRACHE – AUGEN

→ Ich blicke es → etwas auch so sehen → zeigen → durch eine rosarote Brille sehen → klar sehen → glänzende Aussichten → glotzen → beobachten → leuchten → Klarheit gewinnen → etwas beleuchten → Übersicht vorausschauen → Ausstrahlung/Aura → Einblicke geben → etwas fokussieren → etwas nicht mit ansehen können → im Dunkeln sein → Licht am Ende des Tunnels sehen → Ich sehe, was du meinst → Perspektive haben → Ich habe eine diffuse Vorstellung → Er hat einen blinden Fleck → Dies wird Licht ins Dunkel bringen → Das macht das Leben doch bunter → es erscheint mir → der Schatten eines Zweifels → einen trüben Blick haben → Das sehe ich ein → schwarz-weiß sehen → Das sieht gut aus → absehbarer Zeitrahmen → Silberstreif am Horizont sehen →

schwarzsehen → den Augen nicht trauen → Land in Sicht → Wir haben die gleiche Sichtweise → Das ist doch klar wie Kloßbrühe!

AUDITIV GEPRÄGTE SPRACHE – OHREN:

→ etwas verstanden haben → Resonanz → Harmonie → nur mit einem Ohr zuhören → das Gras wachsen hören → etwas hört sich gut/schlecht an → unüberhörbar laut/leise → in Ruhe lassen → taub sein → stumm sein → aufs Wort gehorchen → Stecknadel fallen hören Engel singen hören → antworten → fragen → gleiche Wellenlänge haben → in Harmonie leben → viel Lärm um nichts → ins eine Ohr rein, aus dem anderen wieder raus → es klingelt in meinen Ohren → das ist Musik in meinen Ohren → Wort für Wort → laut und deutlich → Leihen Sie mir Ihr Ohr → meine innere Stimme → Ich verstehe Sie → Klingt gut! → Totenstille → das Gras wachsen hören → nur mit einem Ohr zuhören → übereinstimmen → Ich verstehe – das war laut genug → Unerhört!

KINÄSTHETISCH GEPRÄGTE SPRACHE – KÖRPER

→ etwas begreifen → mit offenen Armen empfangen → Das Herz ist mir in die Hose gefallen → nicht auf den Mund gefallen sein → Es geht schon → etwas greifbar haben → Da lacht das Herz → auf Wolke Sieben schweben → mit beiden Beinen fest auf dem Boden → in ein tiefes Loch fallen → Zittern → ein gutes/ungutes Gefühl → die Karten auf den Tisch legen → in etwas hineinstürzen → langsam/schnell angehen → Termindruck → vor der eigenen Tür kehren → Zunge im Zaum halten → Halt mal eine Sekunde → Das ging bis auf die Knochen → ein harter Bursche → ein warmherziger Mann → dickfellig → an der Oberfläche kratzen → Dafür lege ich meine Hand ins Feuer → auf dem Boden der Tatsachen bleiben → daran zerbrechen → gegen den Strom schwimmen → Wir kommen schnell vorwärts → Ich fühle mich wohl → einen Freudentanz aufführen → verwurzelt sein → belastet werden → in die Ecke gedrängt werden → Es wird schon gehen → Knüppel zwischen die Beine werfen → ein Stein vom Herzen gefallen → So entspannt war ich schon lange nicht mehr → beeindruckend

OLFAKTORISCH GEPRÄGTE SPRACHE – NASE:

→ jemanden gut riechen können → Das stinkt → Nase rümpfen → anrüchig sein → ätzend sein → faul sein → eine Nase für etwas haben → eine anrüchige Gesellschaft → etwas beschnuppern → Stallgeruch haben → die Nase reinstecken → Ich kann den Braten riechen

GUSTATORISCH GEPRÄGTE SPRACHE – GESCHMACK

→ Das schmeckt mir nicht → Da läuft das Wasser im Munde zusammen → Das kotzt mich an → zum Fressen gern haben → geschmacklos → lecker → köstlich → die Galle hochkommen lassen → sich laben → eine delikate Angelegenheit → Das ist ganz nach meinem Geschmack

Es gibt auch Ausdrücke, die gleich 2 Sinne ansprechen:

Im *Dunkeln tappen*	visuell und kinästhetisch
Im *stillen* Kämmerlein *sitzen*	auditiv und kinästhetisch
Zum *Vorschein treten*	visuell und kinästhetisch
Seine *Schokoladenseite zeigen*	kinästhetisch und visuell
Ins *Grüne fahren*	visuell und kinästhetisch
Auf ein *bewegtes* Leben *zurückblicken*	kinästhetisch und visuell

Auch wenn man nie nur einen Kanal allein benutzt, ist in der Regel doch eine Vorliebe für einen oder zwei Kanäle erkennbar, wie in diesem Beispiel aus Mihaly Csikszentmihalyis Buch „Flow – Das Geheimnis des Glücks“:

> „An Tagen, wenn die Luft kristallklar ist, sitze ich einfach nur im Zug und blicke über die Dächer, weil es ein so faszinierender Anblick ist, die Stadt zu betrachten, darüber zu schweben, aber nicht dazu zu gehören, diese Formen und Farben zu sehen, diese wunderbaren alten Gebäude, von denen einige völlig zerfallen sind. Ich finde das einfach faszinierend, seltsam … dann komme ich an und sage ‘Mein Weg zur Arbeit war heute morgen, als wäre ich durch ein Sheeler-Gemälde gelaufen.’ Der hat nämlich Dachlandschaften und solche Dinge in sehr knappem und klarem Stil gemalt … Ich finde oft, dass jemand, der völlig von einem Anblick befangen ist, die Welt unter diesem Blickwinkel sieht. Wie ein Photograph, der in den Himmel sieht und sagt: ‘Das ist ein Kodachrom-Himmel. Aber du hast noch einiges vor dir, Herrgottnochmal. Du bist noch nicht ganz so gut wie Kodak.’“ [37]

[37] Csikszentmihalyi, Mihaly. Flow: Das Geheimnis des Glücks. Stuttgart. Klett-Cotta, 1999. S. 148 – ISBN 3-608-95783-9

Dieser Bericht ist eindeutig visuell geprägt, mit einem kleinen kinästhetischen Anteil, aber gehört wird hier eindeutig nichts…

BEDEUTUNG DER REPRÄSENTATIONSSYSTEME

Die meisten Menschen bevorzugen ein oder zwei Repräsentationssysteme, das heißt, sie nehmen ihre Welt vorwiegend über einen oder zwei Kanäle wahr und geben ihre Wahrnehmung bevorzugt über diese Kanäle wieder.

Ein Stranderlebnis kann zum Beispiel von einem vorwiegend kinästhetischen Menschen so wahrgenommen werden:

> Früh morgens sind wir aufgestanden und aus unserer warmen Hütte gekrochen. Nach einem leckeren Frühstück haben wir uns schnell auf den Weg zum Strand gemacht. Zuerst war es noch frisch, gegen Mittag wurde uns dann richtig warm, und wir haben ganz schön geschwitzt. Der Sand war dann auch richtig heiß und wir mussten die Füße etwas tiefer bohren, um an den kühlen, feuchten Sand zu kommen. Ich habe die Sonnenstrahlen auf meinem Körper genossen und mir ab und an ein erfrischendes Bad im warmen Meer gegönnt. Das war ganz schön salzig.

Erzählt dagegen ein vorwiegend visuell orientierter Mensch von einem solchen Stranderlebnis, dann könnte das etwa so klingen:

> Morgens sind wir vor dem ersten Sonnenstrahl aufgestanden und haben von der Hütte aus den Sonnenaufgang beobachtet. Am Horizont konnten wir die Fischerboote klar erkennen und den Einheimischen bei der Kokosnussernte zusehen. Wir hatten den ganzen Tag hellen Sonnenschein und blauen Himmel, es war eine tolle Aussicht. Bei Ebbe konnten wir die Krabben in ihren Löchern beobachten und viele Muscheln im Sand erkennen.

Das Repräsentationssystem, in dem ein Mensch seine bewussten Erfahrungen macht, bestimmt, wie etwas erlebt und wie davon berichtet wird. Überlegen Sie sich, wie ein vorwiegend auditiver Mensch von einem solchen Stranderlebnis berichten würde.

Übung: Stranderlebnis mit auditiver Wahrnehmung

Nehmen Sie noch andere Situationen und überlegen Sie sich, wie man diese mit den einzelnen Sinnen getrennt erfahren kann. Die Situationen können sein:

- Auf der Bergwanderung
- Beim Schnorcheln
- Im Fußballstadion
- Auf der Klassenfahrt
- Zu einer Winterlandschaft
- Im Raumschiff
- Auf der Achterbahn

Schreiben Sie die Erlebnisse zunächst nach den jeweiligen Sinneskanälen getrennt auf und erleben Sie selbst, welche Art Ihnen am leichtesten fällt und wo Sie Schwierigkeiten haben, passende Worte zu finden. Zum Schluss erfinden Sie eine Supergeschichte mit allen Sinnen. Lesen Sie diese Geschichten anderen Personen vor und lassen Sie diese die nach deren subjektivem Gefühl beste Geschichte wählen. Es ist nicht immer so, dass Ihre Lieblingsgeschichte oder aber die Supergeschichte den anderen genauso gut gefällt wie Ihnen.

Nun stellt sich natürlich die Frage, wie wir einen Gedanken oder eine Nachricht jemandem übermitteln, der augenscheinlich nicht genau sieht, was wir meinen oder nicht wirklich versteht, was wir sagen. Man übersetzt seine eigenen Gedanken in die Wahrnehmungssprache des anderen: Wenn jemand im visuellen Kanal denkt, antworten wir auch im visuellen, anstatt im auditiven oder kinästhetischen. Das kann man sich wie die Frequenzen beim Radio oder die Kanäle beim Funken vorstellen: Wenn man selbst auf 98,1 sendet, sollte der Empfänger nicht 94,5 eingestellt haben und umgekehrt.

Schüler:	„Ich *sehe* da keinen Zusammenhang!“
Lehrer:	„Ich *zeige* es dir!“
Schüler:	„Ich *verstehe* das nicht!“
Lehrer:	„Ich *sage* es dir noch mal, so dass du es verstehst!“
Schüler:	„Ich *begreife* es nicht!“
Lehrer:	„Ich mache es für dich *fassbarer*!“

Als Beispiel für ein Gespräch auf verschiedenen „Radiowellen“ folgende Unterhaltung in einer Gruppe, die ein gemeinsames Referat über die Planeten ausarbeiten soll:

Auditiver	*Hört* mal zu, ich *sage* euch jetzt mal meine Idee!
Kinästhet	*Mach mal*, schreib es auf, bevor du zu labern anfängst! Ich *fange* schon mal *an!*
Visueller	*Schaut,* ich habe alles *aufgezeichnet* und ihr?! Ich will endlich was von euch *sehen, zeigt* doch mal, was ihr gemacht habt!

Auditiver klappt den Unterkiefer nach unten und der Kinästhet zuckt mit den Achseln

Visueller	Wie, ihr habt noch nichts *gezeichnet?* Und was sollen wir dann morgen *zeigen?*
Auditiver	Das ist ein Referat, da muss man *sprechen!* Darüber *rede* ich doch die ganze Zeit!
Kinästhet	Es genügt vollkommen, wenn man denen mein Modell von den Planeten *in die Hand gibt.*

Und es könnte Stunden so weitergehen…

Wenn sich ein visueller Mann nach einem Streit mit seiner auditiven Freundin einen Blumenstrauß als Entschuldigung einfallen lässt, mit dem er ihr zeigen will, dass er sie immer noch lieb hat, rate ich dazu, noch einen kleinen Satz zu sagen. Ansonsten könnte sie das Verhalten fehlinterpretieren und die unliebsame Diskussion wird in die zweite Runde gehen.

SPRACHLICHE ÜBERSETZUNGEN SINNESSPEZIFISCHER AUSDRÜCKE

Frage: „Sind Sie auch meiner Meinung?"

Visuell übersetzt:	„*Sehen* Sie das auch so?"
Auditiv übersetzt:	„*Hört* sich das für Sie richtig an?"
Kinästhetisch übersetzt:	„Haben Sie dabei ein gutes *Gefühl?*"

Aussage: „Ich möchte Ihnen etwas Wichtiges mitteilen!"

Visuell übersetzt:	„Ich möchte Ihnen ein richtiges *Bild* davon geben!"
Auditiv übersetzt:	„*Hören* Sie mir bitte gut zu!"
Kinästhetisch übersetzt:	„Seien Sie bitte *offen* für das, was jetzt kommt!"

Sie möchten gerne ein bisschen üben? Gerne! Übersetzen Sie folgende Aussagen in die drei Kanäle: 38

38 mögliche Antworten finden Sie am Ende des Buches

1. „Ich habe es kapiert!"

auditiv: ____________________

visuell: ____________________

kinästhetisch: ____________________

2. „Ich kann jemanden nicht leiden!“

auditiv: ______________________________

visuell: ______________________________

kinästhetisch: ______________________________

3. „Etwas ist ungewohnt!“

auditiv: ______________________________

visuell: ______________________________

kinästhetisch: ______________________________

4. „Die Party war toll!“

auditiv: ______________________________

visuell: ______________________________

kinästhetisch: ______________________________

AUTOREN

Zur Verdeutlichung sind nachfolgend fünf Autoren mit Hinweisen auf die von ihnen bevorzugten Repräsentationssysteme aufgeführt. Die Liste lässt sich natürlich unendlich erweitern.

JOANNE K. ROWLING – Harry Potter

Genial, Frau Rowling bezieht alle Sinne ein, was einen Teil des Bucherfolgs ausmacht! Wenn man dann noch eine rechte Gehirnhälfte hat, die einen gerne ins Reich der Hexen und Zauberer führt, steht dem absolutem Lesespaß nichts mehr im Wege.

MAX KRUSE – Urmel

AKV – die verschiedenen Sprachfehler, die die einzelnen Tiere haben, können nur von einem auditiven Autoren erdacht werden.

PAUL MAAR – Das Sams

Vorwiegend AK, visuelle Beschreibungen nur dann verwendet, wenn es nötig ist.

CORNELIA FUNKE – Hände weg von Mississippi

Vom Text her KAV. Aber die Bücher haben für die visuellen Leser zum Ausgleich Bilder – auch eine Erfolgsstrategie.

MICHAEL ENDE – Momo, Die unendliche Geschichte

Eine starke Ausrichtung auf den visuellen Kanal. Der Steinbeißer wird beschrieben und beschrieben und beschrieben. Man muss es mögen oder über die uninteressanten Seiten wegblättern.

Teil 5

AUGENBEWEGUNGS-MUSTER

ALLGEMEIN

Man kann das Repräsentationssystem seines Gegenübers ermitteln, indem man seiner Sprache genau zuhört. Zudem kann man aber auch an den Augen ablesen, in welchem Repräsentationssystem sich sein Gegenüber gerade befindet, indem man seine Augenbewegungen verfolgt. Wenn Menschen denken, bewegen sie die Augen. Diese Augenbewegungen zeigen an, wie jemand in diesem Moment denkt, und in welcher Form ein Gedanke im Gehirn repräsentiert wird: in Bildern, Stimmen oder Geräuschen, als Gefühle oder Emotionen.

[39] Liberman, Jacob. Natürliche Gesundheit für die Augen: Sehstörungen beheben, die Sehkraft verbessern. Scherz Verlag, Bern, 1997. S. 29ff. – ISBN 3-502-25001-4

Jacob Liberman beschreibt in seinem Buch die Augen als Außenstellen des Gehirns, die nicht nur Wahrnehmungsorgan für visuellen Input darstellen, sondern in der Tat dem Gehirn durch ihre Bewegungen auch Zugang zu anderen, nicht visuellen Informationen geben.

> *„Unser Sehsinn setzt sich aus drei Komponenten zusammen: Aus der sensorischen, der integrativen und der motorischen. Die sensorische Komponente empfängt Informationen, die integrative vergleicht den visuellen Input mit unseren Erfahrungen aus der Vergangenheit und verarbeitet ihn mit Hilfe geistiger Filter, und die motorische Komponente ist das resultierende Ergebnis – die Worte, die wir wählen, unsere Bewegungen und Handlungen.“* [39]

Augenbewegungen geschehen demnach unbewusst und dienen der gedanklichen Informationssuche. Sie treten automatisch auf, wenn wir uns konzentrieren, wenn wir nachdenken, etwas visualisieren, mit uns oder anderen sprechen oder in unsere Gefühlswelt eintauchen. Solange in einem Gespräch die benötigten Informationen fließend abgerufen werden können, bleibt z. B. der Blickkontakt mit unserem Gegenüber aufrecht. Sobald jedoch ein Suchprozess in

Gang kommt, reißt der Blickkontakt für eine Zeit lang ab und es setzen die Augenbewegungen ein. Die Augen bewegen sich bei der Informationssuche in verschiedene Richtungen. Nach oben, zur Seite oder nach unten. Manchmal bleiben sie für einen Moment in einer Richtung stehen, manchmal springen sie von einer Seite zur anderen, bis die gesuchte Information gefunden ist und man sich wieder dem Gesprächspartner oder einer Aktivität bewusst zuwendet.

Wenn bei einem Menschen Augenbewegungen sichtbar sind, ist er auf gedanklicher Informationssuche, d.h. nach innen gerichtet. Von ihm nun zu verlangen, dass er konzentriert bei der Sache ist und sein Gegenüber ansieht, würde seinen eigenen Gedankengang unterbrechen und ihn verwirren. Abwarten und zu Ende denken lassen ist angesagt. Ja, die Antwort steht an der Decke! Nicht im wörtlichen Sinne, aber sprichwörtlich kann man das schon so sehen. Wie oft wurden Schüler beim Nachdenken in ihrem Denkprozess willkürlich mit der Frage unterbrochen, ob die Antwort denn an der Decke stehe. Solange die Augenbewegung sichtbar ist, ist auch der wichtige Denkprozess im Gang. Jeder überflüssige Kommentar bedeutet nun eine frustrierende Unterbrechung, die zu einer Blockade führen kann.

Es ist so einfach, wie es sich anhört und leicht zu erlernen: Bewegen sich die Augen nach oben, visualisiert man. Gehen die Augen mittig nach rechts oder links, ist man im auditiven Kanal und hört Stimmen und Geräusche. Schaut man nach links unten, spricht man mit sich selbst: „Soll ich, soll ich nicht?", „Mach schon!". Schaut man nach unten rechts, ist man im Kontakt mit seinen Gefühlen. Diese Struktur gilt für einen normalen Rechtshänder. Bei Linkshändern sind die Seiten mitunter vertauscht. Manche Menschen starren beim Nachdenken die ganze Zeit geradeaus und nur selten sind Augenbewegungen zu beobachten. Sie sind aber da! Wer während des Denkprozesses die Augen meistens horizontal und vertikal mittig hat, ist meiner Erfahrung nach zumindest mit dem visuellen Bereich verbunden.

VISUELLES DENKEN

Die Augen des Gegenübers bewegen sich nach oben links oder rechts, um innere Bilder entstehen zu lassen, bzw. abzurufen;

- nach links oben, wenn man etwas Bildliches neu entstehen lässt, also kreativ ist
- nach rechts oben, wenn man etwas Bildliches erinnert

„Wie sähe meine Mutter wohl mit gelben Haaren aus?!“
– *visuell konstruiert*

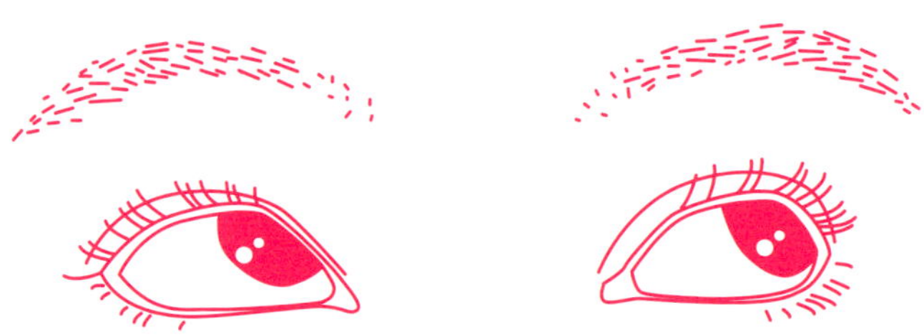

„Wie sieht meine Mutter denn überhaupt aus?!“
– *visuell erinnert*

AUDITIVES DENKEN

Die Augen bewegen sich auf der Horizontalen nach links oder rechts, um innere Stimmen und Geräusche entstehen zu lassen oder abzurufen;

- links zur Seite, um etwas Neues auditiv zu kreieren. Ein neues Lied texten, eine neue Melodie komponieren;
- rechts zur Seite, um etwas Auditives zur erinnern.

„Wie mag ein Maulwurf wohl klingen?!"
– auditiv konstruiert

„Mein Lieblingslied!"
– auditiv erinnert

DENKEN IN GEFÜHLEN

Die Augen des Gegenübers bewegen sich nach unten links, um Emotionen hochkommen zu lassen. Das kann man sehr gut erkennen, wenn ein Kind etwas Unrechtes getan hat. (Gilt nicht nur bei Kindern.)

„Hmm, das fühlt sich komisch an!"
kinästhetisch

DENKEN IM SELBSTGESPRÄCH

Die Augen des Gegenübers bewegen sich nach unten rechts, man ist im inneren Dialog. Meistens ist der innere Dialog mit einem Griff der Hand ans Kinn verbunden. Beobachten Sie mal die Teilnehmer in Talkshows: Es ist spannend zu sehen, wie viele Menschen zwischenzeitlich mit sich selbst kommunizieren.

„Soll ich, soll ich nicht?! Was soll ich nur machen…“
innerer Dialog

Unser Unterbewusstsein unterscheidet sehr fein zwischen erinnerten Inhalten, also der Reproduktionsleistung und der kreativen Konstruktion neuer Erkenntnisse bzw. neuen Wissens. Diese Unterscheidung führt zu den beschriebenen unterschiedlichen Augenbewegungsmustern. 40 Alles Kinästhetische, unsere Gefühle, Gerüche und unser Geschmack werden vom Gehirn jedoch nicht als erinnert bzw. konstruiert unterschieden, sie sind einfach da. Deshalb gibt es auch nur die eine Augenbewegungsrichtung.

40 Sollte ich je auf den Beruf des Staatsanwaltes umsatteln wollen, wären die Augenbewegungsmuster und die Unterscheidung zwischen erinnert und konstruiert eines meiner wirkungsvollsten Mittel im Verhör…

Um Ihre Umwelt einmal unauffällig nach deren Augenbewegung zu testen, weben Sie doch mal eine der folgenden Fragen in eine normale Unterhaltung ein und lassen sich überraschen, wie direkt oder über welche Umwege der ein oder andere zum Ziel kommt:

- Wenn du im Sommer ins Schwimmbad gehst und ins Wasser steigst, was spürst du dann als erstes?
- Wie hieß noch der Freund von Biene Maja und Willi, dieser Grashüpfer? [41]
- Kannst du mir mal die erste binomische Formel erklären?
- Welcher Buchstabe kommt im Alphabet vor dem S?
- Die Wurzel aus 169 ist?
- Nach welchen Kriterien suchst du eigentlich in einem dir unbekannten Restaurant dein Essen aus?
- Denk mal an deine Lieblingsmelodie!
- Welchen Klingelton hat dein Handy?
- Stell dir vor, wie es sich anhören würde, wenn dein Handy jetzt klingeln würde!
- Wenn du deine Küche in pink streichen würdest, würde sie dir dann gefallen?
- Wie würde es sich anfühlen, wenn du 10 kg mehr auf den Rippen hättest?
- Was sagst du zu dir selbst, wenn du etwas richtig gut gemacht hast?
- Welche Kleidung hast du an deinem ersten Schultag getragen?
- Welcher Fuß ist momentan wärmer: dein rechter oder dein linker?
- Wie hört sich ein alter VW Käfer an?
- Wie hört sich deine Haustür an, wenn du sie zuschlägst?
- Wie würde sich dein Lieblingslied von einer defekten CD, die alles langsamer abspielt, anhören?
- Wie wirst du selbst aussehen, wenn du Uroma bist?
- Wie würde sich dein Lieblingslied anhören, wenn es mit einem Xylophon gespielt würde?
- Was sagst du zu dir selbst, wenn du Mist gebaut hast?
- Wie fühlt es sich an, mit dem Fuß in eine kalte, mit Schnee befüllte Socke zu steigen?
- Erinnere dich an ein Kinderlied und singe es im Inneren!

[41] gemeint ist natürlich Flip

- Erfinde eine neue Strophe zu diesem Kinderlied!
- Was ist die Wurzel aus 144?
- Wie schmecken Spagetti mit Vanillesoße?

Es kann sein, dass man sich beim Erinnern des Geschmacks der Lieblingsschokolade zuerst diese als inneres Bild ansehen muss. Und wenn man die Lieblingsschokolade als inneres Bild vor sich sieht, kann es sein, dass die Information zu dem Geschmack automatisch fließt und man gar keine Augenbewegung nach unten auslöst.

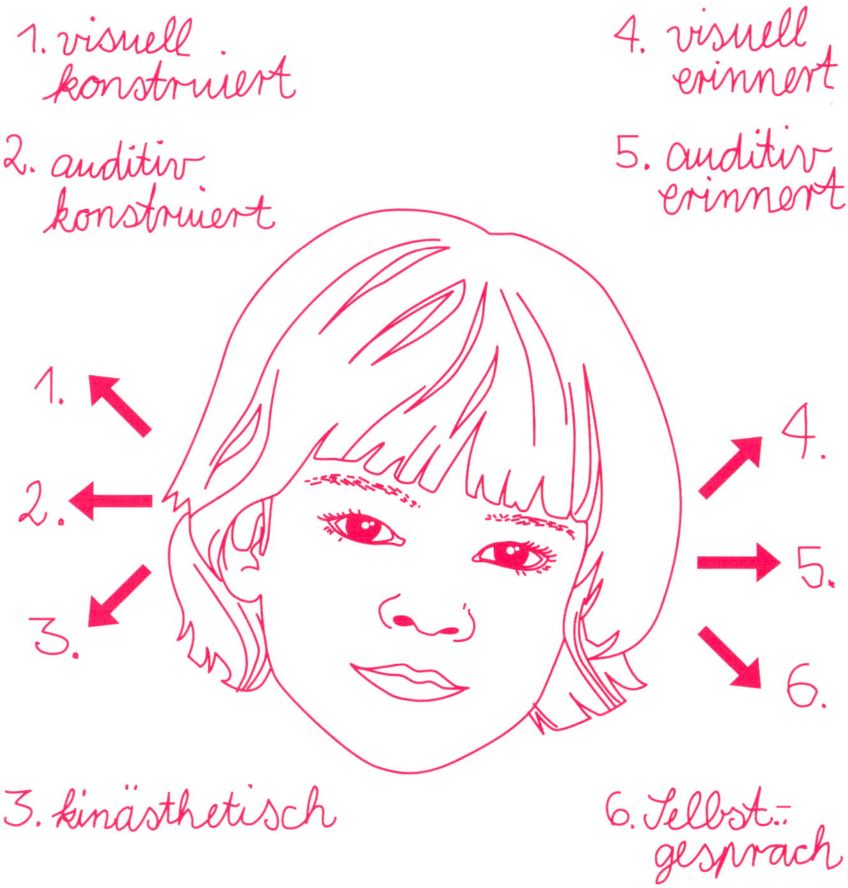

Augenbewegungsmuster des Gegenübers (Rechtshänder)

Hilfreich für den Normalgebrauch ist die Unterscheidung in visuell, auditiv und kinästhetisch. Als einfache Eselsbrücke kann man sich merken, dass man die Augen nach oben richtet, um bis zum Horizont zu sehen, man rechts und links zu den Ohren blickt, um Zugang zu etwas Hörbarem zu bekommen, man an sich selbst hinunter sieht, um sich seiner Gefühle bewusst zu werden bzw. mit sich selbst in Dialog zu gehen.

Wichtig ist, dass man erkennen kann, ob das Kind gerade in einem Denkprozess ist oder diesen schon beendet hat. Wenn noch gedacht wird, bitte nicht unterbrechen – hier geschieht etwas ganz Wichtiges. Auch wenn beim Erinnern ein Fehler gemacht wurde, nur ganz dezent darauf hinweisen und die richtige Antwort das Kind selbst finden lassen, anstatt direkt mit der richtigen Antwort zu korrigieren. Wenn also beim Aufzählen der Monate nach März sofort der Mai genannt wird, zuerst das Kind darauf aufmerksam machen, ob da nicht doch noch einer fehlt und dadurch dem Kind selber die Möglichkeit geben, sich zu korrigieren. Erst wenn dem Kind gar nichts einfällt, mit der Antwort helfen.

An der Augenbewegung sieht man auch, ob der richtige Kanal für die gestellte Aufgabe gewählt wurde. Wenn in einem Diktat die Augen bei der Erinnerung ständig nach unten oder zur Seite gehen, kann davon ausgegangen werden, dass dies für eine gute Note nicht ausreichend sein wird. Hier kann dem Kind mit einem speziellen Training beigebracht werden, wie es Wortbilder visuell erinnert. Dasselbe gilt auch in der höheren Mathematik: Wenn die Binomischen Formeln nur auditiv mit einem Blick zur Seite erinnert werden, eine zugehörige Transferaufgabe jedoch nicht gelöst werden kann, ist auch hier ein Aktivieren des visuellen Kanals unabdingbar.

Teil 6

WISSEN LERNTYPEN-GERECHT VERMITTELN

Der an unseren Schulen typische Lehrablauf ist:

Erklären – zeigen – machen lassen
oder
Zeigen – erklären – machen lassen

Wobei das Machenlassen hier und da auch mal gänzlich unter den Tisch fällt.

Dies ist ein Ablauf, der den AVK-Denkern bzw. den VAK-Denkern entgegenkommt und alle anderen Lerntypen, besonders die Kinästheten unter den Lernenden, sträflich vernachlässigt. Das schulische Lehren sollte aber auf alle Sinne ausgerichtet sein, um zum einen allen Denktypen gerecht zu werden, und um zum anderen alle Bewusstseinszustände, also sowohl die Phase der Konzentration, als auch die des Tagtraums, gleichberechtigt durchlaufen zu können.

DEUTSCH

DAS ABC ERLERNEN

Normalerweise wird das ABC über das Buch, die Tafel oder das Heft durch Ansehen und Abschreiben der Buchstaben vermittelt. Eine letztlich erfolgreiche, aber mitunter auch langweilige Vorgehensweise. Dazu noch das ABC-Lied mehr oder weniger erfolgreich singen und schon soll es mit dem Lesen losgehen. Dabei gibt es so viele Möglichkeiten, Buchstaben und ihre zugehörigen Laute zu erlernen. Der Rücken und der ganze Körper dienen als Übungsmaterial, wie in dem Buch „Lesen lernen mit links… und rechts, gehirnfreundlich und ohne Stress“ von Christina Buchner 42 sehr schön vermittelt wird. Als Vorbereitung gibt es zu jedem Buchstaben eine Geschich-

42 Buchner, Christina: Lesen lernen mit links... und rechts, gehirnfreundlich und ohne Stress. Bilder, Geschichten, Ideen für Lehrer, Eltern und Therapeuten. Kirchzarten. VAK, 2006. ISBN 3-924077-49-5

te, ein Gedicht mit zugehörigen Körperbewegungen, ein Buchstabenbild, in dem der Buchstabe versteckt ist, und eine Lautgeste, bei der mit dem Körper der Buchstabe dargestellt wird. Mit allen Sinnen wird der Buchstabe gesehen, verstanden und begriffen und jeder Denktyp kommt zu seinem Recht.

VOM BUCHSTABEN ZUM WORT, VOM SCHREIBEN ZUM RECHTSCHREIBEN

Das Lesenlernen fängt an mit dem Bewusstwerden des Nicht-Könnens: Ein zweijähriges Kind ist sich seiner Unfähigkeit zu lesen in der Regel nicht bewusst. Im Alter von ca. 3 Jahren dann wird dieses Nicht-Bewusst-Sein des Nicht-Könnens durch ein bewusstes Nicht-Können ersetzt. Das Kind begreift, dass die Eltern aus irgendwelchen Zeichen im Buch eine Geschichte erzählen. Buchstaben und Wörter an sich haben weiterhin keine Bedeutung, aber es steckt ein größerer Sinn dahinter. Manche Kinder versuchen vor der Einschulung den Buchstaben einen Sinn zu entlocken, manche warten bis zur Einschulung. Im Laufe des Lesenlernens kommen die Kinder langsam auf die Stufe des unbewussten Könnens. Unbewusst wissen sie schon einen Sinn aus der Aneinanderreihung von Buchstaben zu machen. Es bedarf noch weiteren Trainings, um zum bewussten Können, zur Automatisierung zu kommen. Hier wird nicht mehr über einzelne Buchstaben nachgedacht, sondern es werden automatisch, ohne nachzudenken, im unbewussten Bereich unserer Gedanken, ganze Wörter und Sätze erkannt. Und es ist egal, wie diese geschrieben sind.

Genießen Sie mal diesen Text, der eine ganze Weile als lustige Mail die Runde machte!

> *„Gmäeß eneir Sutide eneir elgnihcesn Uvinisterät, ist es nchit witihcg, in wlecehr Rnefgloheie die Bstachuebn in eneim Wort snid, das Ezniige was wcthiig ist, ist dsas der estre und der leztte Bstabchue*

an der ritihcegn Pstoiion snid. Der Rset knan ein ttoaelr Bsinöldn sien, tedztorm knan man ihn onhe Pemoblre lseen. Das ist so, wiel wir nchit Bstachuebn enzelin lseen, snderon das Wrot als gseatems. Ehct gineal! Das ghet tsahctiläch!"

Dieser Text ist ein Riesenspaß für die rechte Gehirnhälfte! Sollten Sie leichte Kopfschmerzen oder ein dumpfes Gefühl im Kopf bekommen haben, zeigt Ihnen Ihre linke Gehirnhälfte nur, dass sie diesen Spaß nicht vertragen kann. Deshalb schreibe ich im Folgenden auch normal weiter…

Aber was zeigt uns dieser Text? Geübte Leser stellen irgendwann von der Buchstabenaneinanderreihung, wie sie im ersten Schuljahr erfolgt, auf die Gesamtworterkennung um. Wenn man Leseanfängern diesen Text zu lesen geben würde, könnten sie nichts damit anfangen. Sie sind noch im Übungsstadium und reihen Buchstaben für Buchstaben aneinander. Mit etwas mehr Übung stellt das Gehirn dann irgendwann um und es ergibt sich eine automatische Erkennung des ganzen Wortes. Dass dabei das Gehirn zu einer Glanzleistung wie oben gesehen fähig ist und was sie bedeutet, wissen die Wenigsten. Es erklärt aber, warum manche gute Erstleser, wenn sie flüssig aneinanderreihend lesen, bei der Umstellung auf die Ganzworterfassung plötzlich vorübergehend schlechter lesen als vorher. Das neue Lesen muss erst geübt werden und aus einem Hund, der tatsächlich im Text steht, wird schnell im Kopf eine Hand gemacht.

Erinnern Sie sich noch an Ihre ersten Fahrversuche mit dem Auto und daran, wie oft Sie beim Schalten das Getriebe Ihres Autos haben krachen lassen, bevor Sie die Bewegungen wirklich automatisiert hatten? Stellen Sie sich vor, der Fahrlehrer oder die Umwelt hätten bei jedem Ihrer Fehler einen mehr oder weniger großen Aufstand gemacht oder einfach nur missbilligend den Kopf geschüttelt. Das hätte Ihnen sicher das Fahrtraining verleidet.

Ein Kind, das in der kritischen Phase des Umstellens von Buchstabenaneinanderreihung auf Ganzworterkennung ist, durch ein Belehren zu demotivieren, ist mehr als kontraproduktiv. Der Leopard lauert und wartet auf den richtigen Zeitpunkt für den Sprung in den Nacken. Frust macht sich breit und da soll man Freude an Büchern bekommen. Hier hilft nur eins: Geduld, Geduld, Geduld und darauf hoffen, dass das Gehirn des Kindes auch diese Aufgabe letztlich mit Bravour lösen wird, wie schon so viele Aufgaben zuvor. Kein Kind liest vorsätzlich Unsinn vor. Es ist in einer kritischen Phase des Lesenlernens und nur Verständnis hilft weiter. Kinder lesen oft ungern, weil das Unverständnis, das ihnen von außen entgegengebracht wird, die eigene Frustration verstärkt. Lassen Sie sich von Ihrem Kind etwas vorlesen und korrigieren Sie den Fehler so, wie Sie ein Kind aufheben würden, das beim Laufenlernen hingefallen ist, ohne großen Wirbel darum zu machen.

Voraussetzung für ein gutes Lesen im ersten Schritt und gute Rechtschreibung im zweiten Schritt ist das Aufbauen und das Abrufenkönnen der Wortbilder vor dem inneren Auge. Dies kann natürlich nur dann erfolgen, wenn die Wortbilder durch mehrmaliges Lesen in einem internen Wortbildspeicher erfasst wurden und auch als Wortbilder erinnert werden können. Deshalb macht es Sinn, die ersten Bücher, wenn sie dem Kind gefallen, mehrmals zu lesen, da das Lesen dadurch immer mehr automatisiert wird.

Besonders nicht visuellen Kindern, die länger brauchen, um Wortbilder abzuspeichern, ist die Zeitvorgabe in der Schule meistens zu gering. Sie bräuchten für ihre Art des Lernens mehr Zeit und positive Unterstützung, um sich Wortbilder in Ruhe einprägen zu können. Wenn dieses nicht gegeben ist, erfolgt leider immer häufiger eine vorschnelle Bewertung „der Schüler kann das nicht!“ Das Kind wird leider in der Regel auch heute noch als langsamer Lerner tituliert oder auch als dumm abgestempelt. Der Leopard lauert, immer mehr Frust wird aufgebaut, der in letzter Konsequenz in einer Blockade enden kann. Es fehlt an der Motivation zu lesen, was daran hindert, einen umfangreichen Wortschatz an inneren Wortbildern aufzubauen.

Auf der nächsten Seite finden Sie einen Text, mit dem Sie bei Grundschülern das Leseverständnis testen können. Zunächst brauchen die meisten Kinder ein paar Sekunden, um sich an die lustige Schreibweise zu gewöhnen. Dann werden sie den Text laut oder leise lesen, vielleicht zunächst hier oder da stocken, aber am Ende doch zum Ziel kommen. Erst wenn ein solcher Text gut erkannt werden kann, sind Wortbilder zum automatischen Leseabruf im Gehirn gespeichert. Und erst dann, wenn Wortbilder richtig gespeichert sind, kann man vom Kind in einem Diktat verlangen, Wortbilder zu erinnern. Vorher ist es bei jedem Denktyp zu früh, ihn mit einem Diktat herauszufordern. Selbst wenn Wortbilder automatisiert zum Lesen abgerufen werden können, ist die Wortbilderinnerung zur Rechtschreibung nicht bei jedem Kind selbstverständlich. Der Auditive erinnert lieber den Wortklang, der Kinästhet das Wortgefühl. Aber wenn Wortbilder zum Lesen erkannt werden, ist die optimale Erinnerungsweise zur perfekten Orthographie eine Übungssache.

eine kleine Lesehilfe für die gegenüberliegende Seite

Der gorße Bär wltole die
klneie Bniee fnegan,
dmiat sie ihm den Hinog
zgeit. Aebr die Bniee war
veil schllener und folg dem
Bär dovan.

Da war der Bär ein bseschin
tauirrg und vrekorch scih in
sneie Hlöhe zum Schefaln.
Ncah eienr Wleie aebr
wrdue er druch enien teloln
Dfut in der Nsae gckweet.
Janmed htate ihm eenien
gnezan Eiemr mit Hinog vor
die Hlhöe gsetlelt.
Wie forh er nun war!

Erst wenn genügend Wortbilder abgespeichert sind, kann man anfangen, die richtige Orthographie in Tests abzufragen. Wird mit den Tests zu früh begonnen, fangen auch visuelle Kinder an, auf andere, nicht visuelle Rechtschreibstrategien zurückzugreifen. Beim Niederschreiben werden die Wörter zum Beispiel leise so vorgesagt, wie sie geschrieben werden und man kann nur hoffen, dass diese Strategie nicht auf Dauer beibehalten wird. Leider ist die Gefahr des Erlernens einer ineffizienten Rechtschreibstrategie bei nicht visuellen Schülern verstärkt gegeben, da diese, nachdem sie zwar Wortbilder zum Abrufen von gedruckten Wörtern gespeichert haben, diese mitunter beim eigenen Schreiben nicht als Wortbild erinnern, sondern als Wortklang. Viele schlechte Rechtschreiber sehen das richtig geschriebene Wort vor sich an der Tafel stehen, erinnern es aber beim Übertrag ins Heft auditiv, also so, wie es gesprochen klingt. Dieser Bruchteil einer Sekunde, in der die Augen von dem Wort an der Tafel zum Schulheft wechseln, genügt ihnen, um das Wortbild in Wortklang umzuformen, abzuspeichern und später zu erinnern. Und wenn man den entsprechenden Schülern nicht den Hinweis auf die Erinnerung des Wortbildes gibt, bleiben zwei Möglichkeiten offen: Die betroffenen Schüler und die Eltern und viele Lehrer kapitulieren irgendwann und geben sich mit einer mäßigen Schreibkompetenz zufrieden oder der Schüler bildet interne Eselsbrücken, die mit Effizienz wenig zu tun haben. Beispielsweise wird das Wort Hawaii innerlich mit zwei hörbaren i´s gesprochen und somit richtig erinnert. Oder das Wort Fuchs, das bei auditiven Erinnerern alle nur erdenklichen Formen – Fux, Fuks, Vugs –, aber selten die richtige hervorruft, wird innerlich mit gesprochenem ch-Laut erinnert, was zugegeben eine größere Speicherkapazität und mehr Wortwitz verlangt, als ein Wort direkt passend als Wortbild zu erinnern.

Aber fangen wir von vorne an: Wenn man das Lesen- und Schreibenlernen von außen betrachtet, fallen einem gewisse Dinge auf:

Wenn man nicht die Ganzwortmethode [43] benutzt, sondern über die Buchstaben und deren Aneinanderreihung zu den Wörtern kommt, müssen zunächst die Buchstaben in den Kopf hinein. Ein Buchstabe an sich ist jedoch eine eher abstrakte Sache. Zum einen hat er einen eigenen Namen (Ah, Be, Ce, De,…) und es wird ihm ein Laut zugewiesen (Ah, Bö – mit stimmlosen ö), [44] der teilweise mit dem Namen identisch ist, teilweise aber vollkommen anders klingt. Dazu werden in einem Wort Buchstaben und Buchstabenkombinationen (ch, sch, die verschiedenen Klänge des Buchstaben e) wieder anders ausgesprochen, als sie einzeln benannt werden oder klingen. Was für ein Durcheinander! Deutsch ist nun mal nicht phonetisch und da sollen alle Erstklässler mitkommen. Wenn nun alle Buchstaben relativ sicher im Kopf sind und man auch die verschiedenen Klänge von Buchstabenkombinationen ganz gut drauf hat, fängt man an, Wörter durch Buchstabenaneinanderreihung zu lesen/schreiben und anhand der Buchstabenlaute auszusprechen. Dabei kommen natürlich ganz putzige Ergebnisse zusammen, da das gesprochene Wort teils durch Dialekt, teils auch durch die Aussprache des Kindes individualisiert wird. Ein Fuchs wird zu einem FUKS, eine Katze zu einer KAZE, der Abend zu einem ABENT. Man schreibt, wie man spricht und das ist ein erster Erfolg, dem eine enorme Denkleistung zugrunde liegt.

Und dann kommt es: das Grauen aller Eltern und der meisten Kinder: Die Rechtschreibung!

Die individuell geschriebenen Wörter, deren Sinn mitunter nur dadurch erkannt wird, dass man sie sich laut vorliest, bergen plötzlich gravierende Fehler. Aus einem anfänglichen Umstellungsproblem der Lernmethode – und darauf beruht die korrekte Rechtschreibung – wird ein Infragestellen der Intelligenz. [45] Im ersten Schuljahr geht das Schreiben stark über das Hören. „Schreib, wie du hörst!“ ist ein guter und wichtiger Ansatz. Doch um langfristig mit zunehmendem Wortschatz den Überblick zu behalten, muss man die Worterinne-

[43] Kindern (meist sehr kleinen) werden ganze Wörter gezeigt und mit dem Wortklang versehen. Es werden ganze Wörter ohne mühsames Buchstabenlernen abgespeichert und das Gehirn übernimmt den Rest. Die Methode war einmal schick, wurde aber mangels überzeugender Ergebnisse vielerorts wieder fallen gelassen. Aber sie funktioniert, leider selten im Klassenverbund, sondern nur in einer Eins-zu-eins-Situation.

[44] Es ist nicht möglich, den Buchstabenklang hier eindeutig wiederzugeben, was die Komplexität des Sachverhalts widerspiegelt.

[45] Und das meine ich so, wie ich es schreibe: Kann man nach der allgemeinen Auffassung nur mäßig rechnen, ist das okay, ist man unmusisch oder unsportlich, auch gut. Hat man Probleme bei der Rechtschreibung: Oh, weh! Da mangelt es an der Intelligenz! Ein fatales Vorurteil, mit dem viele Kinder, aber auch viele Erwachsene weit nach ihrer Schulzeit noch hadern. Ihnen wurde nur nicht gesagt, dass man die Erinnerung umstellen muss…

rung vom Wortklang auf das Wortbild umlenken. Dieser wichtige und für unterschiedliche Denktypen verschieden komplizierte Vorgang wird von den meisten Lehrern leider als ein bei jedem Schüler gleich ablaufender Automatismus gesehen, der keiner besonderen didaktischen Unterstützung bedarf. 46

46 Klar, Lehrer sind in der Mehrzahl visuelle Denker und viele glauben, dass die anderen auch so denken.

Sehen wir uns die verschiedenen Lerntypen einmal der Reihenfolge nach in ihrer Rechtschreibstrategie an:

Der *VISUELLE DENKER* wird in der Regel irgendwann unbewusst und automatisch anfangen, das Wortbild zum zugehörigen gesprochenen Wort abzuspeichern und lässt sich nicht beirren. Es dauert etwas länger, um wirklich sicher in der Rechtschreibung zu sein, dafür ist es langfristig die effizienteste Methode. Wenn man von einem ungeduldigen Außenstehenden 47 nicht mit einer Frust-Blockade versehen wird und Zeit hat, die Wortbilder passend zum Wortklang abzuspeichern, ist dies sicherlich die einfachste Methode.

47 „Sie hat den Ernst der Lage nicht erkannt!" – O-Ton einer Lehrerin über eine Schülerin im zweiten Schuljahr, die im Diktat wagte, durchschnittlich 6 Fehler zu machen. – Oje, Abitur in Gefahr!

Der *AUDITIVE DENKER* wird die Hörmethode beibehalten. Er schreibt, wie er spricht und wundert sich, dass da so viele Fehler passieren. Im Laufe der Zeit wird die Frustration stärker, weil man lernt und lernt, aber nicht wirklich Erfolg hat. Sich selbst überlassen bauen viele irgendwann innere Eselsbrücken auf, die ihnen helfen, relativ frustrationsfrei durchs Leben gehen.

48 Wird ja lang gesprochen, also auch mit h geschrieben, dann wird der Satz erinnert „Wer nämlich mit h schreibt ist dämlich!", ich bin nicht dämlich, also weg damit, durchgestrichen und gut ist! Kapiert?

→ Das Wort BEISPIEL
gesprochen Beischpiel — geschrieben Beispiel

→ Das Wort NÄMLICH
gesprochen nähmlich 48 — geschrieben nämlich

→ Das Wort IGEL
gesprochen Iegel 49 — geschrieben Igel

Solange der Wortschatz aus wenigen Wörtern besteht, kann man sich als auditiver Erinnerer gut mit seiner Methode aushelfen und erscheint kurzfristig als ein cleveres Kerlchen. Langfristig, mit Zunahme des Wortschatzes, relativiert sich die ganze Sache jedoch und man rutscht erstaunt in ein orthographisches Mittelmaß.

Der *KINÄSTHETISCHE DENKER* schreibt nach Gefühl. Und das sehr sicher, solange sich sein aktiver Schriftwortschatz auf zehn Wörter beschränkt. Kommt ein elftes Wort hinzu, kann man nicht mehr alleine über das Gefühl erinnern. 50 Ist nun Meer oder mehr gemeint und woher zum Donner wissen die anderen, was gemeint ist und wie es geschrieben wird. Die Frustration steigt und das Interesse sinkt. „Ich kann das eben nicht!" wird zur Ausrede, LRS und Legasthenie als attestierte Gründe werden willkommen geheißen und nichts mehr gemacht. Aber ein komischer Beigeschmack bleibt doch. Wenn diese Denker doch nur wüssten, dass es innere Bilder gibt, mit denen man arbeiten kann.

Natürlich gibt es bei den Rechtschreibern Mischarten der Erinnerung:

Man hört ein Wort, sieht es als inneres Bild geschrieben vor sich und bekommt dann das gute Gefühl, dass es richtig ist. Das ist die optimale Rechtschreibstrategie. Aber was machen die, die kein inneres Bild als Erinnerungshilfe benutzen und sich dessen möglicher Existenz auch gar nicht bewusst sind?

Ich selbst bin von meiner Grundstruktur ein auditiv-kinästhetischer Denker, weshalb die Lehrer meiner Schulzeit mit meiner Rechtschreibung sehr zu kämpfen hatten. Ich verstand nie, was sie wollten und schrieb irgendwann nur noch so, wie ich es erinnerte, um weiterem Frust zu entgehen. Aufsätze waren rot gefärbt von Rechtschreibermahnungen, die ich nicht einordnen konnte. Für mich war es normal, durch Ausprobieren herauszufinden, wie sich das Wort anhört und dann, wenn mir mein inneres Gefühl das okay gab, genau so zu schreiben.

49

Wie mir eine Deutschprofessorin glaubhaft mitzuteilen versucht, weiß schon jedes Kind, dass man nur bei Promonina den Buchstaben „i" mit einem „h" dehnt! Also muss nach auditiver Denkweise in Ermangelung der Zugehörigkeit des Igels zu den Pronomen dieses Tier mit „e" gedehnt werden und schwups entsteht der IEGEL.

50

Hier habe ich natürlich hoffnungslos übertrieben.

Erst viel später habe ich das Geheimnis der Rechtschreibung erkannt und das Erinnern von Wortbildern gelernt. Einen fremden Text zu korrigieren, fällt mir mit Hilfe innerer Bilder sehr leicht, aber einen eigenen zu schreiben und dabei mit der rechten Gehirnhälfte in rechtschreib- und regelloser Kreativität zu schwelgen und gleichzeitig auf die Rechtschreibung zu achten, geht nur bedingt, so dass mir ab und an doch ein orthographischer Fehlgriff passiert. Dank an alle Korrektoren und Lektoren der Welt!

RECHTSCHREIBUNG MIT WORT-/BILD-ASSOZIATIONEN

Für Schüler mit geringen Rechtschreibproblemen, bei Rechtschreibanfängern, die noch nicht auf Ganzwortlesemethode umgestellt haben und trotzdem schon einige wichtige Wörter richtig erinnern wollen, kann man die zu Beginn des Buches vorgestellte Mnemotechnik mit in die Worterinnerung einbeziehen, um mit Spaß den Lerneifer der Kinder aufrecht zu erhalten.

Nehmen wir an, ein Kind hat Schwierigkeiten, sich die Wörter plötzlich, Waage, Ecke und Affe zu merken. Um spielerisch die Eigenarten dieser Wörter zu erlernen, kann man auf innere Bilder zurückgreifen, die eine Eselsbrücke bei der Erinnerung bilden:

- Das Wort plötzlich: Es wird mit t und z geschrieben. Als inneres Bild visualisiert man einen Tiger (t), der plötzlich auf ein Zebra (z) springt.
- Das Wort Waage: Eine Waage wird bildlich assoziiert und auf jeder Waagschale liegt ein Apfel, der den Buchstaben a symbolisiert.

- Das Wort Ecke: Eine Ecke wird bildlich vorgestellt und an ihr steht ein Clown mit einer Kuh.
- Das Wort Affe: Ein Affe wird imaginiert und die Frage gestellt, wie viele Füße ein Affe hat – 2 Füße = 2 f.

Diese Wort- und Bildassoziationen bei der Rechtschreibung können bei jüngeren Kindern nur verwendet werden, wenn deren innerer Wortschatz in Bildern noch nicht genügend aufgebaut ist oder bei älteren Kindern, wenn ein einzelnes Wort partout nicht in den Kopf hinein will. Es ist gewiss keine Strategie, mit der man auf Dauer alle Wörter lernen sollte.

OPTIMALE RECHTSCHREIBSTRATEGIE FÜR ALLE DENKTYPEN

Ist das bewusste Erinnern in inneren Bildern als Fähigkeit nicht gegeben, muss sie langsam trainiert werden.

Wenn man gute Rechtschreiber danach fragt, woher sie wissen, wie sie ein seltenes und schwierig zu schreibendes Wort erinnern, bekommt man die Antwort, dass sie es vor dem inneren Auge ablesen. Es wird innerlich korrekt geschrieben gesehen und dazu kommt das gute Gefühl, dass es richtig ist. Wenn man bei der Korrektur ein falsch geschriebenes Wort enttarnt, dann dadurch, dass es nicht als Wort erkannt wird und sich ein ungutes Gefühl in der Magengegend bemerkbar macht. – Stimmt's?!

Machen Sie mal folgende kurze Übung: Sehen Sie das Wort Fuchs vor sich als inneres Bild. Augen nach oben, das hilft, wenn es nicht von alleine kommt. Nun verändern Sie das Wort, indem Sie die Buchstaben ch durch den Buchstaben k ersetzen – Fuks – und achten auf Ihr Gefühl. Was passiert?

Was bewirkt folgendes Wort bei Ihnen? *AIKIU* Können Sie diese fünf Buchstaben irgendwo in Ihrem Repertoire einordnen oder ist es vielleicht doch nur eine bedeutungslose Buchstabenkombination? Ist das für Sie ein Wort und erinnert es Sie an irgendetwas? Kommt da ein Gefühl in Ihnen hoch, das Ihnen von der Worterkennung beim normalen Lesen bekannt ist? Nein, dann sprechen Sie es doch mal langsam und laut aus. Kommt Ihnen schon ein Gedanke – nun, *AIKIU* steht für das englisch ausgesprochene IQ. Na, da muss man sehr auditiv sein, um diesen Gedankengang zu verstehen.

Um allen Schülern, auch den nicht visuellen, die Möglichkeit zu geben, gute Rechtschreiber zu werden, gibt es eine relativ einfache Rechtschreibstrategie, die garantiert funktioniert. Darauf haben Sie mein Wort!

Wichtig hierbei ist, dass der Schüler Zugang zu inneren Bildern erlangt. Fakt ist, dass manche Menschen bewusst nur wenig mit inneren Bildern umgehen oder dass nur in bestimmten Fachbereichen, z. B. der Rechtschreibung, keine inneren Bilder verwendet werden.

Doch jeder Mensch, auch wenn es ihm nicht bewusst ist, hat innere Bilder und kann sie bewusst abrufen. Man muss nur seine Hauptmotivation finden. Am besten funktioniert dies durch Computerspiele oder Videofilme, die ein Schüler gerne spielt oder ansieht. Versetzen Sie also den Schüler in die Lage, sich einen Lieblingsfilm imaginär anzusehen oder das Lieblingscomputerspiel zu spielen. Positionieren Sie mit ihm zusammen den imaginären Bildschirm irgendwo oben an einer Wand und lassen Sie ihn sich ein bisschen warm spielen. Er wird sich relaxed zurücklehnen und seinem Spiel frönen, bei den meisten kommt automatisch die Handbewegung für die Maus oder den Joystick hinzu und Sie haben genau das, was sie wollten: Ein inneres Bild.

Nach 2 bis 3 Minuten bitten Sie den Schüler, das Spiel zu unterbrechen und den Bildschirm mit einfarbigem Hintergrund oben an der Wand zu belassen. Er kann sich jetzt nicht mehr herausreden, dass er keine inneren Bilder erzeugen kann und ist in einer guten Stimmung. Lassen Sie sich ein bisschen von dem gerade gespielten Spiel erklären oder die Hauptperson des gesehenen Films beschreiben, so dass Sie noch mehr Rapport zu dem Schüler aufbauen. Wenn es eine dominante Hauptperson in dem Film gibt, lassen Sie diese auf dem Bildschirm erscheinen. Sie kann Ihnen ein guter Assistent sein und die Aufmerksamkeit des Schülers motivierend lenken.

Als Beispiel kann eine Comicfigur aus einer Trickfilmserie dienen. Sie kann ein perfekter Helfer für ein Rechtschreibtraining sein. Nehmen Sie gedanklich diese Figur und bitten Sie den Schüler, sie in seinen Bildschirm zu bringen. Er wird dies gerne tun. Verbinden Sie das Nützliche mit dem Notwendigen und allen ist geholfen. Nun lassen Sie die Comicfigur ihren Mund aufreißen und darin einen einfarbigen Bereich erkennen. Bitten Sie den Schüler, dieses Bild als Vorlage im „Computer“ zu speichern. Die imaginäre Maus, die Sie ihm gerade zur Verfügung stellen, wird ihm helfen. Ein Klick und das Bild ist auf alle Ewigkeit abrufbar. Nun wird dem Schüler eine Karte mit dem zu lernenden Wort gegeben. Er schaut sich das Wort genau an. Wenn er glaubt, dass er es innerlich abgespeichert hat, schaut er wieder den Comicfiguren-Bildschirm an und überträgt mit einem Mausklick jeden einzelnen Buchstaben des Wortes von der real vorliegenden Karte in den Comicfiguren-Mund.

Wenn alle Buchstaben von der Karte auf den Bildschirm übertragen sind, wird die Karte weggelegt und der Schüler stellt sich das Wort nur noch imaginär im Comicfiguren-Mund vor. Dann schreibt der Schüler das Wort auf ein vor sich liegendes Papier auf. War das Wort falsch erinnert, wird der ganze Ablauf von vorne begonnen. Wenn das Wort richtig buchstabiert wurde, wird dieses Papier umgedreht und der Schüler schaut wieder auf den imaginären Bildschirm – Augenposition oben – und sieht das Wort vor sich. Nun wird der Schüler gebeten, sich das imaginäre Wort genau anzusehen und zu buchstabieren:

51

Zum Thema Lesen, Schreiben, Rechtschreiben ist der Mitmachkasten „Ist ja einfach – Lesen, Schreiben, Rechtschreiben" inklusive einer Lehr-DVD, dem Rechtschreibspiel Kopfkino und wichtigen Vorlagen als PDF zu beziehen

- Das Wort vorwärts buchstabieren.
- Den dritten, fünften, vorletzten Buchstaben sagen.
- Das Wort rückwärts buchstabieren. Rückwärts buchstabieren ist ein wichtiges Kontrollmittel: nur wer ein Wort flüssig rückwärts buchstabieren kann, hat es als inneres Bild abgespeichert.
- Das Wort auf Papier aufschreiben.

Genau so verfährt der Schüler mit weiteren 5 bis 6 Wörtern. Nach einer Pause von ca. 15 Minuten erfolgt die Kontrolle. 51

WORTARTEN

Die Unterscheidung der Wortarten bereitet vielen Kindern besondere Schwierigkeiten, weil sie abstrakte Begriffe zu theoretischen Konstrukten darstellen. Um nun allen Denktypen den Zugang zu den Wortarten zu erleichtern, sollte man sie mit allen Sinnen, besonders auch dem Körper, erfahren.

Die *SUBSTANTIVE*, auch Nomen genannt, sind die erste Gruppe der Wortarten. Substantive können in 2 Untergruppen unterteilt werden: die Konkreta und die Abstrakta.

Unter die *KONKRETA* fällt alles, was konkret vorhanden ist und was man anfassen kann:

das Haus, das Auto, ein Hund, der Vater, die Sonne, etc.

ABSTRAKTA dagegen sind nicht fassbare Erscheinungen wie Zustände, geistige Konzepte und Gefühle usw.:

die Seele, das Chaos, die Musik, die Biologie, etc.

Um Kindern ein erstes Verständnis für Substantive/Nomen zu verschaffen, sollte man sich zunächst auf die Konkreta beschränken. Mit einer Kinderschubkarre oder einem kleinen Lastwagen kann man alles Dingliche aus der Umgebung aufladen. Mit dem Hinweis, dass dies eine Zauberschubkarre ist, die sich unendlich vergrößern lässt und an alle Plätze dieses Universums gelangen kann, werden alle Konkreta schnell den Substantiven zugeordnet. Kinder laufen durch den Raum und sammeln in ihre Schubkarre, was reingeht. Das alles sind schon mal Substantive.

Ist ein erstes Verständnis für Konkreta als Substantive/Nomen vorhanden, kann man auch die Gruppe der Abstrakta hinzunehmen. Da sie nicht dinglich sind, kann man sie nicht in die Zauberschubkarre legen. Folglich muss man mit den Kindern eine Eselsbrücke erarbeiten: Allen Substantiven gleich ist, dass sie ein Artikel begleitet. Also werden an der Schubkarre die bestimmten und unbestimmten Artikel befestigt, durch die auch die abstrakten Substantive dieser Gruppe zugehörig gemacht werden. Mit der Schubkarre unterwegs ist es nun einfach, die Substantive zu finden.

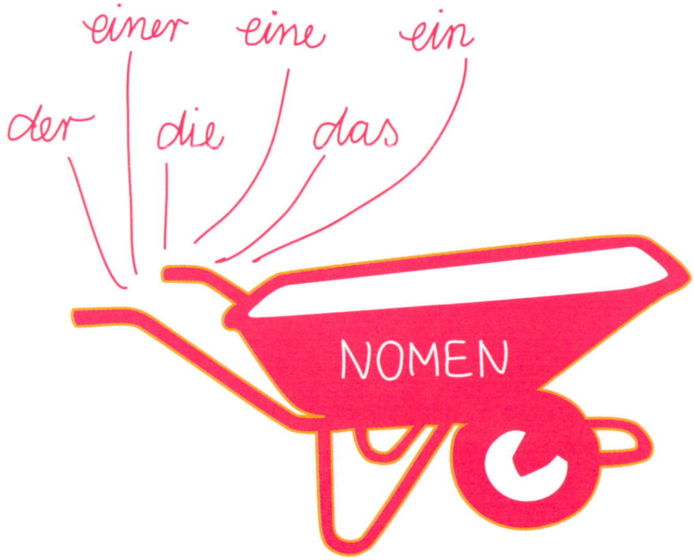

Sowohl Konkreta als auch Abstrakta finden nun in der Schubkarre Platz. Für ein erstes Heranführen der Kinder an die Materie ist eine solche Schubkarre sehr wertvoll.

ADJEKTIVE, auch Eigenschaftswörter genannt, sind die zweite Gruppe der Wortarten:

kalt, groß, lecker, süß, heftig, glücklich, rot

Sie heißen auch „Wiewörter" und können mit dem Adjektiv-Detektiv identifiziert werden. Ein Detektiv trägt eine Lupe bei sich, mit der er alle Dinge genau untersucht. Eine einfache Lupe mit dem Schriftzug „wie?" auf dem Glas schickt die Kinder auf Adjektivsuche durch den Raum. „Wie ist etwas?" lautet die Fragestellung des Adjektiv-Detektivs.

Als weitere Eselsbrücke kann man auch eine Handbewegung benutzen, die anzeigt, wie Adjektive gesteigert werden können: Bei dem Wort groß kann man eine stufenförmige Handbewegung von unten nach oben machen und dabei das Wort steigern:

groß	*Hand auf Bauchhöhe*
größer	*Hand auf Schulterhöhe*
am größten	*Hand über dem Kopf*

Um den Kindern dann beim Bestimmen der richtigen Wortart eine Hilfe zu geben, genügen die von unten nach oben gerichteten Handbewegungen. Mit der Zeit wird das Kind von sich aus die Handbewegung einsetzen, um bei Unsicherheit Adjektive erkennen zu können.

dunkel – dunkler – am dunkelsten

hoch – höher – am höchsten

gehen – gehender – am gehendsten: Nein, kein Adjektiv.

Tag – Tager – am Tagsten: Nein, grins, auch kein Adjektiv.

Die *VERBEN*, auch Tätigkeitswörter oder Tunwörter genannt, sind die dritte Gruppe der für die Grundschule relevanten Wortarten. Sie drücken Handlungen, Vorgänge oder Zustände aus:

arbeiten, trinken, wissen, gehen, sein, bleiben

Nach ihnen kann am einfachsten mit den Sätzen „Was ist passiert? Was wird gemacht?“ gefahndet werden. Der fliegende Reporter ist mit Block und Stift bewaffnet unterwegs, um herauszufinden, was genau passiert ist.

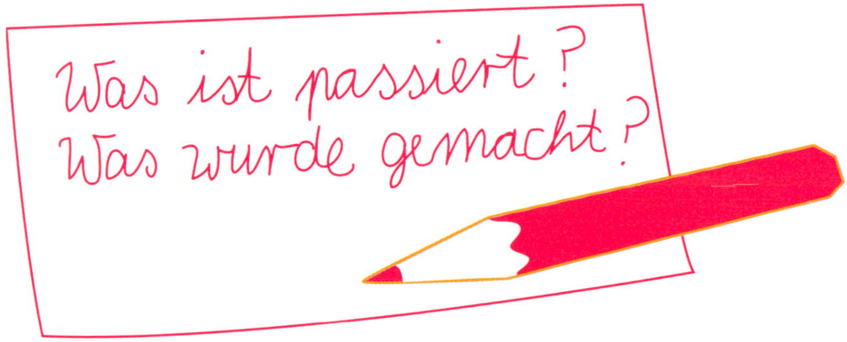

Einfache Sätze wie:

Der Hund bellt mit lauter Stimme

Die Möwe fliegt lautlos

Tim kommt humpelnd angelaufen

Der Zwerg fährt ein rotes Auto

können nun von den Kindern nach Wortarten untersucht werden. Viele einfache Sätze werden im Raum verteilt und sollen nach Wortarten untersucht werden. Jedes Kind kann sich eine Wortart aussuchen und sich als Substantiv-Schubkarrenfahrer, Adjektiv-Detektiv oder fliegender Reporter betätigen. Manchmal werden die Kinder auch hier über Stolpersteine fallen, die sich Ausnahmen nennen und einfach keiner Logik entsprechen. Aber für das Basisverständnis der Wortarten und deren Unterscheidung sind diese ganzkörperlichen Erklärungsmodelle sehr hilfreich. Erst jetzt lohnt auch eine farbliche Unterscheidung der Wortarten, so dass im Text z. B. Verben immer rot, Adjektive immer grün und Substantive immer blau unterstrichen werden. So kann eine Automatisierung der Wortartenerkennung erfolgen, nachdem ein Grundgefühl für die Unterschiede der einzelnen Wortarten aufgebaut wurde.

STADT-LAND-FLUSS DER WORTARTEN

Man kann das alte Stadt-Land-Fluss-Spiel auch ummodeln, um ein Wortartenspiel daraus zu entwickeln. Man sucht sich eine bestimmte Alltagssituation aus, z. B. Frühstück, Schwimmbad, Bauernhof, etc. Dann wird ein beliebiger Anfangsbuchstabe ermittelt, indem ein Kind leise das ABC durchgeht und von einem anderen Kind gestoppt wird. Passend zu dem gewählten Anfangsbuchstaben werden nun zur gewählten Alltagssituation Substantive, Adjektive und Verben gesucht. Das Spiel wird auf Zeit (30 bis 60 Sekunden) gespielt und dann ausgewertet.

Alltagssituation: Bauernhof
ausgewählter Buchstabe: P

SUBSTANTIV	Planwagen Panik
ADJEKTIV	prächtig
VERB	putzen purzeln

Für jedes richtig zugeordnete Wort wird ein Punkt vergeben. Für eine vollständige Reihe aus Substantiv, Adjektiv und Verb, aus der ein sinnvoller Satz erstellt werden kann, wird ein Zusatzpunkt vergeben.

SATZGLIEDER

Auch zu den Satzgliedern kann man schöne, kindgerechte Spiele benutzen. Zum Beispiel das Spiel: „Wann und wo legen Hunde Eier?" von „Der Kleine Verlag" [52] – dem Fachverlag für pädagogische Spiele und Lernhilfen für alle Sinne.

Auf 97 Wortkarten befinden sich Satzglieder, aus denen sich sinnvolle, aber auch witzige Sätze bilden lassen. Auch sonst bietet dieser Verlag viele wertvolle Angebote rund ums sinnvolle und hirngerechte Denken und Lernen. Klicken Sie rein.

[52] Schöne und kindgerechte Angebote für den Grundschulbereich hat „Der Kleine Verlag". www.der-kleine-verlag.de

GEDICHTE AUSWENDIG LERNEN

→ Der auditive Denker wird bei Gedichten den größten Gefallen finden. Reime und Wortwitz kommen seiner Natur entgegen und er kann Gedichte leicht und schnell auswendig aufsagen.

→ Für den visuellen Denker ist es angesagt, sich zuerst ein Bild von den Inhalten des Gedichtes zu machen, die er in richtiger Reihenfolge passend zu den Gedichtsstrophen abrufen kann. Mit einem inneren Bild findet er die passenden Worte jeder Strophe leichter.

→ Der kinästhetische Denker braucht Bewegung, um Worte zu finden. Hier kann man wunderbar mit Körperankern arbeiten.

Man fängt bei den Schuhen an. Sie sind der erste Anker für die erste Strophe. Die Unterschenkel sind der zweite Anker, die Knie die dritte Station, dann folgen Oberschenkel, Po, Bauch, Brust, Schultern, Hals, Gesicht und Haare. Damit hat man 10 der Reihenfolge nach festgelegte Punkte, die der Kinästhet von unten nach oben verfolgen kann, um dem Gedicht einen Sinn zu geben.

Sehen wir uns einmal ein Spottgedicht von einem unbekannten Verfasser an, das es in verschiedenen Versionen gibt:

Dunkel war's, der Mond schien helle
Schneebedeckt die grüne Flur,
Als ein Wagen blitzesschnelle
Langsam um die Ecke fuhr.
Drinnen saßen stehend Leute
Schweigend ins Gespräch vertieft,
Als ein totgeschossner Hase
Auf dem Wasser Schlittschuh lief
Und ein blondgelockter Knabe
Mit kohlrabenschwarzem Haar
Auf die grüne Bank sich setzte,
Die gelb angestrichen war.

Ein wahrer Ohrenschmaus für alle auditiven Denker. Sie werden sich an den Reimen und dem enthaltenen Wortwitz ergötzen und brauchen nichts weiter als dieses Gedicht und ihren eigenen Sprachrhythmus. Für visuelle Denker kann dieses Gedicht in Bilder oder besser in einen hin und her springenden Film umgesetzt werden, so dass das Kind mit Abrufen der Bilder einen leichteren Zugang zu den Worten hat. Für kinästhetisch denkende Kinder werden diese Bilder auf der Körperliste 53 abgelegt, so dass sie durch die Bewegung Zugang zu den Bildern und letztlich zu den Worten bekommen.

53 mehr dazu bei der Mnemotechnik und Gregor Staub

Am einfachsten ist es, dieses Gedicht über die Körperliste in Verbindung mit passenden inneren Bildern, die man bei dem jeweiligen Köperteil entstehen lässt, und durch lautes Vor- oder Aufsagen des Gedichts einzuüben. Alle Sinne sind eingebunden, jeder Denktyp wird angesprochen.

SCHUHE	ein Schuh ist dunkel, auf den anderen scheint der Mond. *„Dunkel war's, der Mond schien helle"*
KNIE	Ein Knie ist schneebedeckt, das andere Knie ist grün. *„Schneebedeckt die grüne Flur"*
OBERSCHENKEL	Auf einem fährt ein Wagen schnell, auf dem anderen langsam *„Als ein Wagen blitzesschnelle Langsam um die Ecke fuhr."*
GESÄSS	Auf dem Gesäß stehen die Menschen und setzen sich. *„Drinnen saßen stehend Leute"*
TAILLE	Die Menschen schweigen und sind ins Gespräch vertieft. *„Schweigend ins Gespräch vertieft"*
BRUSTBEREICH	Ein totgeschossner Hase läuft auf dem Wasser Schlittschuh. *„Als ein totgeschossner Hase Auf dem Wasser Schlittschuh lief"*

SCHULTER	Auf einer Schulter sitzt ein blondgelockter Knabe. Auf der anderen Schulter hat er kohlrabenschwarzes Haar. *„Und ein blondgelockter Knabe Mit kohlrabenschwarzem Haar"*
HALS	Eine grüne Bank ist sichtbar. *„Auf die grüne Bank sich setzte"*
GESICHT	Die Bank wird gelb angestrichen. *„Die gelb angestrichen war."*

Optimal ist tatsächlich, mit jedem Denktypen unter Zuhilfenahme aller Sinne, mit inneren Bildern, den Körperankern und natürlich den Worten die Gedichte einzuüben, da so das Kind auch in alle Aufmerksamkeitsphasen geführt wird. Zum späteren bewussten Abrufen der Gedichte sollen die Kinder jedoch nur die Sinne benutzen, die sie tatsächlich konzentriert halten. Sonst kann das Zusammenspiel der Sinne leicht in Verwirrung führen.

AUFSATZ

Bei einem Aufsatz sollten bei der inhaltlichen Beschreibung im Sinne eines Harry-Potter-Effekts alle Sinne involviert sein. Zum Trainieren ist die Tafel der Sinne zum Einüben der sinnlichen Beschreibung sehr hilfreich.

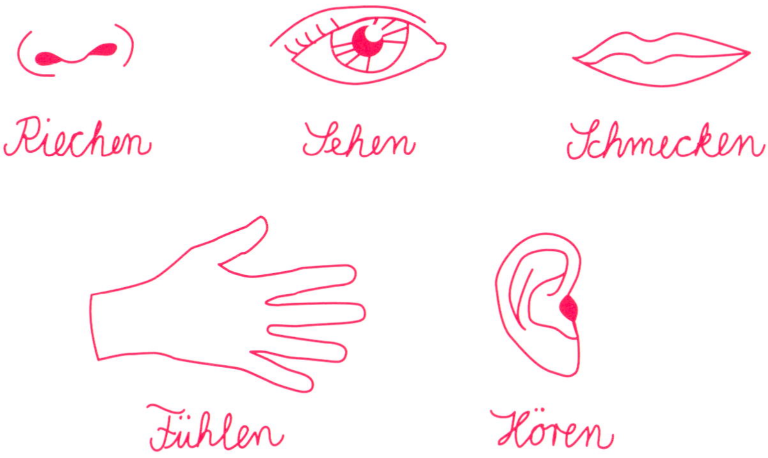

Dazu sollte noch eine bestimmte inhaltliche Form gewahrt sein. Das 3-Akt-Modell, das vielen Büchern zugrunde liegt, bietet dabei einen guten Rahmen, an dem man sich als Schreiber orientieren kann.

3-AKT-MODELL

Das 3-Akt-Modell folgt einer klar strukturierten inhaltlichen Logik: Einleitung, Hauptteil und Schluss. Im Verlauf der Geschichte kann es zu mehreren Konflikten kommen, aber der Hauptdarsteller sieht sich einem Hauptkonflikt gegenüber, den es zu lösen gilt. Alles andere sind Nebenschauplätze. Beim Einüben von Aufsätzen kann man sich eng an die Vorlage des Modells halten, mit mehr Übung darf und soll von ihr abgewichen werden, um der Geschichte eine eigene Handschrift zu verleihen.

Bei jungen Kindern wird das Modell natürlich in Einleitung – Konflikt – Lösung vereinfacht, aber immer mit Worten aus allen Repräsentationssystemen (visuell, auditiv, kinästhetisch) beschrieben.

→ *EINLEITUNG*

Ort und Thema der Geschichte

Beschreibung nach auditiven, visuellen und kinästhetischen Gesichtspunkten.

Hauptdarsteller

Beschreibung nach auditiven, visuellen und kinästhetischen Gesichtspunkten.

Gefühlslage des Hauptdarstellers

Beschreibung nach auditiven, visuellen und kinästhetischen Gesichtspunkten.

Was passiert mit dem Hauptdarsteller?

Wohin führt das – Folge, Konflikt?

→ *HAUPTTEIL*

Erster Schritt zur Konfliktlösung
Einen Schritt zurück – Konfliktsteigerung
Eine neue Situation führt in die Katastrophe
Moment der Erkenntnis/Überraschung

→ *SCHLUSS*

Was genau ist passiert?
Ob das gut geht? Noch eine kleine Krise?
Happy End
Ausklang

Zum Schluss wird eine passende Überschrift gefunden, die Lust macht, die Geschichte zu lesen, ohne allzu viel vom Inhalt zu verraten.

MATHEMATIK

Das Erkennen mathematischer Zusammenhänge fängt im Babyalter an und wird, wenn alles richtig läuft, stetig ausgebaut. Selbstverständlich wird im Babyalter noch nicht mit Zahlen hantiert und gerechnet, aber es werden Muster erkannt und zur Orientierung herangezogen. Kinder nehmen z. B. Muster in Gehwegplatten wahr und viele lassen es sich nicht nehmen, mit ihnen ein Spiel zu spielen, indem sie z. B. nur auf die dunklen Platten treten dürfen, nicht aber auf die hellen. Kinder teilen Mengen an Süßigkeiten gerecht untereinander auf, obwohl sie keine Ahnung von Zahlen und deren Sinn haben. Es werden Klatschspiele gespielt, die nach einem ganz bestimmten Muster ablaufen und so weiter. Die Grundlagen für das Rechnen werden im Normalfall also schon in der frühen Kindheit und im Kindergartenalter gelegt, ohne dabei die dahinter stehenden mathematischen Regeln zu kennen.

Abweichend vom „Normalfall" gibt es aber auch Kinder, die z. B. als Vierjährige die Zahlen bis 100 der Reihe nach auswendig aufsagen können, aber dennoch kein Mengenverständnis haben. Die Zahlen aufzusagen fällt ihnen leicht, weil sie es aus ihrem auditiven Gedächtnis abrufen, einer Zahl jedoch eine Menge zuzuordnen kommt ihnen nicht in den Sinn. Diese Kinder werden sich, wenn nicht irgendwann zu den aufgesagten Zahlen auch ein mengenmäßiger Sinn hinzukommt, schwerer tun, die grundlegenden mathematischen Zusammenhänge später in eine abstrakte Formelwelt zu übertragen.

Zur Entwicklung eines mathematischen Verständnisses gehören verschiedene Fähigkeiten und Grundsätze, die schon im Kindergartenalter geübt und verstanden werden können:

AUTOMATISCHES ERFASSEN

3 Steine liegen auf dem Boden. Auf die Frage: „Wie viele Steine liegen auf dem Boden?“, fangen Kinder in der Regel zunächst an, auf jeden einzelnen Stein zu zeigen und ihn „eins, zwei, drei!“ mit einem Zahlwort zu benennen. Mit der Zeit wird bei kleineren Mengen auf einen Blick die gesamte Menge erfasst, ohne Stück für Stück durchzuzählen.

KONSTANTE MENGEN

Bleiben 4 Kekse immer 4 Kekse, egal wie sie liegen?

Bleiben 5 als Turm aufeinander gelegte Steine in der Menge erhalten, wenn dieser kippt? Auch dies ist ein Lernvorgang: Durch eine reine Lageveränderung bleibt eine Menge konstant, solange nichts entfernt oder hinzugefügt wird.

RAUM-LAGE-VERSTÄNDNIS

Begriffe wie: vor, hinter, über, unter, neben, rechts von, links von, etc. müssen richtig angewendet werden können. Diese Begriffe können beim normalen Spielen und auch gut beim Spazierengehen erlernt und vertieft werden. „Gib mir mal den Baustein hinter dem Traktor!“ – „Setz die Puppe auf den Stuhl!“, „Rechts, links, rechts, links,…“ – Benennung des jeweils aktiven Beins beim Spazierengehen.

ALLGEMEINES MENGENVERSTÄNDNIS

Ein einfacher Test zur Überprüfung des Mengenverständnisses ist, den Kindern auf einen Tisch 8 und auf einen anderen Tisch 15

Steine oder Muscheln zu legen und die Kinder dann zu fragen, wo sich 8 und wo sich 15 Steine befinden. Kann ein Kind allein anhand der unterschiedlichen Menge die beiden Zahlen richtig zuordnen, ist ein erstes Mengenverständnis da. Muss ein Kind jetzt anfangen zu zählen, ist kein Mengenverständnis da. Dies ist eine einfache Übung auch für die Kinder, die schon früh ziemlich weit zählen können. Wenn sie nun auch die Zahl mit einer tatsächlichen Menge verbinden und richtig mit anderen Zahlen/Mengen vergleichen können, ist in Punkto Mengenverständnis ein gutes mathematisches Basisverständnis vorhanden. Wenn nicht, muss an diesem Punkt das Verständnis erst aufgebaut werden, obwohl sie eventuell ja schon sehr weit zählen können.

Viele auditive Denker werden in der Grundschule als sehr gut eingestuft, weil sie überdurchschnittlich schnell die richtige, aber vielfach nur auswendig gelernte Antwort parat haben. Sie können jedoch bei fehlender visueller Vorstellungskraft (AKV) nur ein mittleres bis ungenügendes Mengenverständnis haben, was in weiterführenden Schulen dann zum Desaster führt, weil man hier für die abstrakte Formelwelt mit binomischer Formel und dem Satz des Pythagoras den visuellen Kanal unbedingt braucht. Würde dies in der Grundschule schon erkannt und die Schüler spielerisch auf das Sehen aufmerksam gemacht werden, würde ihnen viel Frust im weiteren Schulverlauf erspart.

Nicht nur deshalb sollte die Basismathematik unbedingt mit allen Sinnen erfahren werden. Ein zu frühes Umstellen alleine auf Buchinhalte und abstrakte Zeichen wird einem kinästhetischen Lerntyp die Lust am Lernen nehmen. Ein Zurückgreifen auf konkretes, kindgerechtes Arbeitsmaterial im ersten Jahr ist unumgänglich. Kindgerecht bedeutet hierbei eine tatsächliche haptische Erfahrung: Klitzekleine aus Papier ausgestanzte Geldstücke sind weniger effektiv als tatsächliches Geld oder Plastikgeld. Greifbare Materialien wie Kastanien oder Holzfiguren helfen, die für manches Kind notwendige Bewegung zur bewussten Informationsaufnahme zu nutzen. Auch die Finger sind wertvolle Hilfsmittel. Wieso einige Erwachsene schon im ersten Schuljahr die Kinder nahezu zwingen, auf diese kinästhetischen Eselsbrücken zu verzichten, ist schlecht nachvollziehbar. Für manch ein Kind ist die Zuhilfenahme der Finger doch existentielle Grundlage, die Basismathematik wirklich zu verinnerlichen – sie brauchen Bewegung, um im konzentrierten Zustand zu sein und die Fingerbewegung ist da durchaus ausreichend. Außerdem sind die Finger jederzeit und überall einsetzbar. Wenn die Rechenaufgaben und deren Lösungsfindung automatisiert sind, wird auch weniger auf das Zählen mit Fingern zurückgegriffen. Versprochen! Passend dazu habe ich ein Poster zum Multiplizieren mit Fingern entworfen. Der Fingertaschenrechner [54] – sehr verblüffend. Mehr dazu auf meiner Homepage.

[54] www.gedankensprungverlag.de

Wenn Sie einmal bewusst anderen Menschen beim Rechnen zusehen, werden Sie feststellen, dass auch eine ganze Menge Erwachsener zumindest ein Fingerzucken beim zehnerübergreifenden Addieren aufweisen. Und auch die kommen zum Ziel.

Bewährt haben sich auch andere Rechentricks, die man durchaus anwenden sollte, wenn es um die Automatisierung einer Rechenoperation geht. Der Grundgedanke, was da gemacht wird, sollte natürlich voll erkannt sein. So ist dies auch beim Großen Einmaleins der Fall. Hier gibt es eine einfache Berechnungsweise für das Große Einmaleins:

DAS GROSSE EINMALEINS GANZ EINFACH

Gezeigt am Beispiel von 14 × 19

14 Schreibe die Zahlen untereinander
19

Addiere die Einer der zweiten Zahl (9) zur ersten Zahl

23 14 + 9 = 23

230 Hänge an das Ergebnis eine Null
Addiere dazu das Produkt der Einer

36 4 × 9 = 36

266 Ergebnis

Und so geht es auch mit allen anderen Aufgaben des Großen Einmaleins:

- Addiere die Einer der zweiten Zahl zur ersten Zahl
- Hänge an das Ergebnis eine 0 = erstes Ergebnis
- Multipliziere die beiden Einerzahlen miteinander = zweites Ergebnis
- Addiere das erste zu dem zweiten Ergebnis – fertig.

Übungen zum Verständnis:

Beispiel 1:	*13 x 17*	*Beispiel 2:*	*14 x 18*
13		14	
17		18	
20		22	
200	= erstes Ergebnis	220	= erstes Ergebnis
21	= zweites Ergebnis	32	= zweites Ergebnis
221	= Endergebnis	252	= Endergebnis

Für das kleine Einmaleins ist das Poster „Der Fingertaschenrechner" zum einfachen aber genialen Multiplizieren mit den Fingern beim Verlag erhältlich.

Bewährt haben sich beim anfänglichen Rechnen im Kindergarten und zuhause zum Beispiel Filmdöschen, denen man Mengen zuordnen kann.

Beispiel 1:
Die Mengen 0 bis 10 sollen von den Kindern mit Bohnen oder Steinchen in Filmdosen gesteckt und zugehörigen Zahlkarten zugeordnet werden.

Beispiel 2:
Mit unterschiedlichen Mengen gefüllte, unbeschriftete Filmdöschen sollen anhand ihres Gewichts der Reihenfolge nach von leicht nach schwer sortiert werden, ohne dass man den Inhalt abzählen kann. Danach sollen anhand der entstehenden Geräusche beim Schütteln die unterschiedlich gefüllten Filmdosen der Reihenfolge nach sortiert werden. In einem weiteren Schritt soll die Reihenfolge durch einen kurzen Blick auf den Inhalt hergestellt werden.

ZERLEGUNG

Gegebene Mengen in Teilmengen zerlegen zu können ist eine weitere Voraussetzung, um die Mathematik tatsächlich zu verstehen, anstatt vorgegebene Lösungen auswendig zu lernen. Ein Hilfsmittel ist die so genannte Schüttelbox, 55 die durch einen Mittelsteg in zwei Sektionen getrennt ist. In der Box befinden sich 10 Perlen, mit deren Hilfe die Menge 10 in verschiedene Teilmengen unterteilt werden kann. Auch sind Tauschaufgaben einfach zu verdeutlichen.

55 Schüttelbox
www.schmidt-lehrmittel.de

0 + 10 = 10 + 0 = 10
1 + 9 = 9 + 1 = 10
2 + 8 = 8 + 2 = 10
3 + 7 = 7 + 3 = 10
usw.

Im Zahlenbereich bis 20 kann nach der Arbeit mit den Filmdöschen und der Schüttelbox auf weitere begreifbare Materialien zurückgegriffen werden.

RECHENSTÄBCHEN

Nützlich in der Grundschulmathematik zum Erfassen der mathematischen Zusammenhänge und auch schon als spielerische Einführung bei interessierten Kindergartenkindern erweisen sich Rechenstäbchen, wie sie schon vor Jahrzehnten im Mathematikunterricht zu finden waren. 56 Die Rechenstäbchen werden immer länger und geben je nach Länge und Farbe eine andere Menge an.
Die „Einer-Stäbchen" sind kleine weiße Holzwürfel, mit denen im Anfangsbereich zur Mengenerkennung und -zuordnung ausschließlich gearbeitet wird.

56 Der mathematische Mitmachkasten „Ist ja einfach – Mathematik" inklusive einer DVD, einem Satz Rechenstäbchen und wertvollen Kopiervorlagen ist über meine Homepage erhältlich

Hier können zunächst mit den Kleinen die verschiedenen Mengen erkannt und zugeordnet werden. Ich empfehle immer, zunächst mit den Zahlen von 0 bis 6 zu arbeiten, um zum einen die Aufnahmefähigkeit des Kindes (7 ± 2) nicht zu überschreiten und zum anderen die Zahlen, die beim Würfelspiel abgedeckt werden, direkt mit zu involvieren. Dies wird natürlich sehr spielerisch gemacht und hier können leere Filmdöschen oder Ähnliches, auf welche Zahlen von 0 bis 6 geschrieben werden, sehr hilfreich sein. Kinder können die Filmdöschen dann im Raum verteilen und mit der richtigen Anzahl an Holzwürfeln füllen. Wenn die Mengenzuordnung im Bereich von 0 bis 6 von den Kindern erfolgreich durchgeführt wird, wird die Menge auf 10 ausgeweitet.

Um das Rechnen im Zahlenraum größer 5 zu erleichtern, gebe ich den Kindern, wenn die Mengenzuordnung im Bereich bis 10 erfolgreich ist, noch die gelben 5er-Stäbchen dazu und lasse die Zahlen größer 5 mit 1er- und 5er-Stäbchen darstellen.

5 = fünf 1er	oder ein 5er	
6 = sechs 1er	oder ein 5er und ein 1er	
7 = sieben 1er	oder ein 5er und zwei 1er	etc.

Wenn die Mengenzuordnung mit den Stäbchen für die Kinder logisch nachvollziehbar ist, können erste Rechenoperationen erfolgen.

Bsp.: 3 plus 2
Zur Vorbereitung nimmt man am einfachsten mehrere kleine Papierzettel, auf denen die Zahlen von 0 bis 6, das Plus-, Minus- und Gleichheitszeichen sowie ein Fragezeichen geschrieben werden. Die Rechnung wird mit den Zetteln vor das Kind gelegt.

3 + 2 = ?
Die Mengen 3 und 2 werden zunächst von dem Kind zu den geschriebenen Zahlen gelegt und die Aufgabe dann gemeinsam angesehen und besprochen. Dabei werden dann die drei 1er-Würfel und die zwei 1er-Würfel genommen und gemeinsam unter das Fragezeichen gelegt.

Jetzt ist für das Kind die Antwort leicht ersichtlich ablesbar und der Sinn dieser Rechenoperationen erfassbar. Zum Abschluss und als Vorbereitung für Rechenoperationen mit größeren Zahlen werden die fünf weißen 1er-Würfel noch durch einen gelben 5er-Stab ausgetauscht, so dass es für das Auge einfacher ist, die richtige Menge zuzuordnen. Genauso wird auch mit Rechenoperationen im Minusbereich vorgegangen und der Zahlenbereich einfach auf den Zahlenraum bis 20 ausgeweitet. Für Zahlen über 20 können noch die 10er-Stäbe zur Vereinfachung hinzugenommen werden.
Erst bei Rechnungen zur Multiplikation werden die anderen Rechenstäbchen hinzugezogen. Hier können die Unterschiede und Zusammenhänge von Plus und Mal auf der einen Seite und von Minus und Geteilt auf der anderen Seite sehr einfach dargestellt und von allen Denktypen erfasst werden.

Einfache Rechenoperationen des Einspluseins und des Einmaleins und auch komplexere Zusammenhänge wie der Satz des Pythagoras können mit diesen Rechenstäben durchgeführt und visualisiert werden.

Satz des Pythagoras $a^2 + b^2 = c^2$
hier am Beispiel der Zahlen: → $3^2 + 4^2 = 5^2$
$9 + 16 = 25$

Im nachfolgenden Bild ist zu erkennen, dass die Fläche des kleinen dunkelgrünen Quadrats und die Fläche des mittleren hellgrünen Quadrats zusammengenommen so groß sind, wie die Fläche des großen pinken Quadrats.

Ein solches Bild ist in vielen Büchern zur Erklärung des Satzes des Pythagoras enthalten. Der tatsächliche Zusammenhang zwischen den drei Quadraten ist dennoch nicht für jeden Schüler eindeutig erkennbar. Um den Zusammenhang weiter zu verdeutlichen, kann man die sich ergebende Menge von 5^2 des großen pinken Quadrats aus den vorhandenen Stäben von 3^2 und 4^2 legen und sieht tatsächlich, dass die Flächen $3^2 + 4^2$ die Fläche von 5^2 ergeben. Einfacher geht's nicht! Man muss es nur gezeigt bekommen.

Dieses Wissen nun zu übertragen, sollte auch gelingen. Wichtig dabei ist, und das kann man auch anhand der Rechenstäbe darstellen, dass für die Anwendung des Pythagoras ein rechter Winkel vorhanden sein muss. Wenn Sie die beiden Quadrate a^2 und b^2 nicht in einem rechten Winkel von 90°, sondern spitzer oder flacher zueinander positionieren, gilt der Satz nicht mehr. Probieren Sie es aus!

ERSTE BINOMISCHE FORMEL

Und wie steht es mit der 1. binomischen Formel? Haben wir alle mal gelernt – ich gebe sie zur Auffrischung trotzdem noch einmal vor:

$$(a+b)^2 = a^2 + 2ab + b^2$$

Auswendig gelernt ist sie für auditive Schüler schnell. Sie wird von ihnen dann aber häufig mit dem Satz des Pythagoras verwechselt und in wilden Fällen sogar vermischt. Die Quadratzahlen verwirren und man kommt bei rein auditivem Abrufen einfach durcheinander.

Was aber bedeutet diese Formel und wozu ist sie gut?

57 Jeder aus Zahlen, Rechenzeichen und Klammern bestehende Rechenausdruck heißt Term.

Die binomische Formel ist eine Hilfsformel, die man bei großen Termen 57 gerne benutzt, um diese zu verkürzen. Kurz gesagt gibt sie eine Antwort auf folgende Frage: „Wie groß ist der Flächeninhalt eines Quadrates, wenn man die ursprüngliche Seitenlänge a um die Strecke b verlängert?“

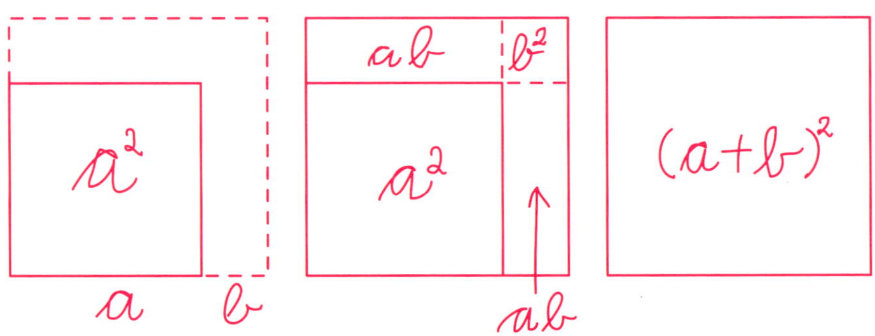

Beispiel: $a = 20$ und $b = 4$

$$(20+4)^2 = 20^2 + 2 \times 20 \times 4 + 4^2$$
$$= 400 + 160 + 16$$
$$= 576$$

Und nun, da Sie die Formel kennen, noch eine kleine Aufgabe, damit Sie wirklich sicher sind, dass Sie es richtig verstanden haben: Welche Bedingung muss gelten, damit folgende Formel Gültigkeit hat:

$$(a+b)^2 = 4a^2$$

Mein Tipp: Machen Sie sich ein Bild. Viel Spaß! Die Antwort gibt es natürlich im Anhang. Aber erst ein bisschen rechnen und vielleicht mit Rechenstäben nachlegen.

GRAPHEN

Auch eine Einführung in die Arbeit mit Graphen kann unter Zuhilfenahme dieser Holzstäbchen mit allen Sinnen erfolgen. Unten ist die Parabel der Funktion f (x) = x^2 mit Holzklötzchen nachgelegt und im Bereich von x = -3 bis +3 dargestellt. Für viele Schüler ist das begreifende Arbeiten wichtige Voraussetzung, um später einen abstrakten Graphen auf Papier erstellen und auch analysieren zu können.

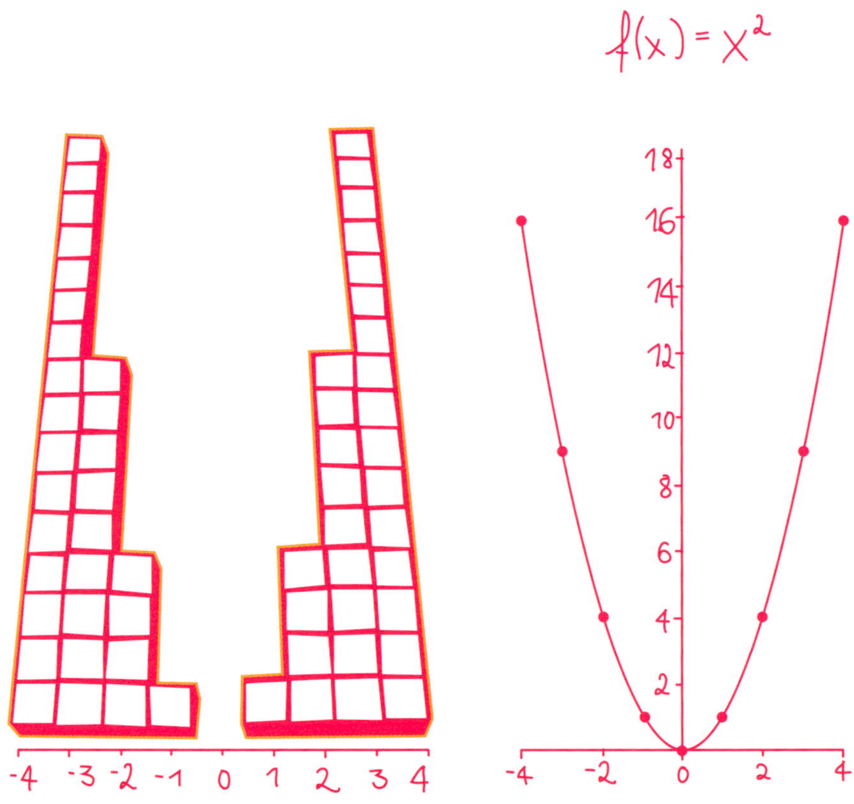

TEXTAUFGABEN

Leider lernen viele Schüler bei Textaufgaben mit vorgegebenen Zahlen, eine Frage mit zugehöriger Antwort zu konstruieren, ohne den Sinn der Frage und die Bedeutung der Antwort eindeutig zu erfassen. Es wird gerechnet, um dem Lehrer, den Eltern oder auch dem Buch einen Gefallen zu tun und nicht, um mathematische Kenntnisse zu vertiefen oder weil man gar Spaß an der Materie hat.

Aufgabe:
Ein Bauer besitzt 12 Schweine und 13 Ziegen. Wie alt ist die Kuh?

Wenn hierbei von den Schülern eine Rechnung begonnen und zum Teil siegessicher beendet wird (12 + 13 = 25 – Die Kuh ist 25 Jahre!), ist ersichtlich, dass die mathematischen Rechenwege gleichsam automatisiert abgespult werden und nicht begriffen sind.

Um auch Textaufgaben erfolgreich zu meistern, sollte die Mathematik aus dem Klassenzimmer heraus in den normalen Alltag verlegt werden. Bei einem Spaziergang durch eine Straße kann man gerade und ungerade Zahlen erklären. Hausnummern sind immer in gerade und ungerade unterteilt. Die eine Seite der Straße hat die geraden Nummern, die andere Seite hat die ungeraden Nummern. Man kann auch durch eine Allee gehen, bei der immer zwei Bäume gegenüber gepflanzt sind. Gerade bei Textaufgaben ist es für viele Schüler immens wichtig, sich zunächst ein Bild der Aufgabe zu machen und dann erst auf Lösungssuche zu gehen, ohne von Beginn an mit den vorhandenen Zahlen wild und mehr oder weniger planlos zu hantieren. Auch wenn in manchen Mathebüchern ein guter konkreter Bezug zum Alltag in den Aufgaben genommen wird, fehlt im Unterricht beim Berechnen mitunter doch die anschauliche Umsetzung der Aufgabe, z. B. durch ein Rollenspiel.

Im Folgenden habe ich einen möglichen Ablaufplan zum Bearbeiten von Textaufgaben erstellt, den man mit dem Kind langsam durchgehen kann:

Als erstes soll die Aufgabe zweimal gelesen werden und das Kind sich heraus schreiben, welche Zahlenwerte denn überhaupt im Text genannt werden und welche davon wichtig sind. Auch wird nachgesehen, ob angegebene Maßeinheiten (Länge, Gewicht, Zeit) zusammenpassen oder ob sie angeglichen werden müssen. Dann ist es wichtig, sich ein Bild der Situation zu machen. Wenn man sich ein Bild von der gestellten Aufgabe macht, werden Zusammenhänge sichtbar und der Lösungsansatz wird deutlich. (Wichtig für nicht visuelle Denker).

Weiter sollen die Worte gefunden werden, die auf die richtige Rechenoperation hinweisen. Dabei gibt es einige immer wiederkehrende Textstellen, die man mit dem Kind besprechen kann:

→ *wichtige Textstelle*	*erforderte Rechenoperation*
alle zusammen	+
mehr als	+
weniger als	–
leichter als	–
das Doppelte von	x 2
verdoppelt sich	x 2
die Hälfte von	: 2
halbiert sich	: 2
ein Viertel von	: 4
6 mal so viel wie	x 6
errechne den Unterschied	–
täglich … in der Woche	x 7
in einer Minute … in einer Stunde	x 60

Erst dann wird die Rechnung aufgeschrieben und ausgerechnet und die Lösung noch mal mit dem Fragesatz verglichen. Eventuell werden nötige Maßeinheiten hierbei ergänzt. Zuletzt wird der Antwortsatz aufgeschrieben.

BEISPIELAUFGABE

Ein Frosch hüpft mit einem Sprung 2 Meter weit.
Wie weit kommt er mit 7 Sprüngen?

1. Welche Zahlen werden im Text genannt?

→ *Erster Zahlenwert:* 2

→ *Zweiter Zahlenwert:* 7

2. Zeichne ein Bild oder stelle dir die Aufgabe im Kopf vor

→

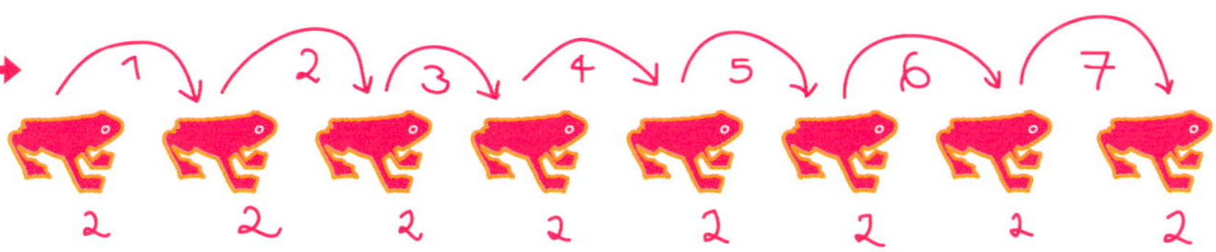

3. Suche die Worte, die auf die Rechenoperation hinweisen und überlege, welche Rechenoperation hier geeignet ist

→ *ein Sprung* → *sieben Sprünge:* → *Multiplikation*

4. Schreibe die Rechnung auf und rechne die Aufgabe aus

→ *2 x 7 = 14*

5. Vergleiche deine Lösung mit dem Fragesatz der Textaufgabe, ergänze, wenn nötig, die Einheiten (Meter, Zentimeter, Kilo, Gramm, Minuten, Stunden)

→ *2m x 7 = 14m*

6. Schreibe deinen Antwortsatz auf

→ *Mit sieben Sprüngen kommt der Frosch 14m weit.*

TEXTAUFGABEN SCHRITT FÜR SCHRITT

1. Welche Zahlen werden im Text genannt? (Mit Einheiten, Einheiten evtl. anpassen)

Zahlenwert 1: ______________________________

Zahlenwert 2: ______________________________

2. Zeichne ein Bild oder stelle dir die Szene im Kopf vor:

3. Suche die Worte, die auf die Rechenart (+ - x :) hinweisen und überlege, welche Rechenoperation hier geeignet ist:

____

____

____

____

4. Schreibe die Aufgabe auf und rechne sie aus:

5. Vergleiche deine Lösung mit dem Fragesatz der Textaufgabe. Ergänze, wenn nötig, die Einheiten (Meter, Zentimeter, Kilo, Gramm, Minuten, Stunden):

6. Schreibe deinen Antwortsatz auf:

FREMDSPRACHEN

VOKABELN UND AUSSPRACHE

Vokabeln und Aussprache müssen zusammen geübt werden. Das Wort sollte, wie bei der Deutsch-Rechtschreibstrategie, als Bild erinnert werden. Dazu kann man sich mit einem inneren Bild eine Bildassoziation zu dem Gegenstand oder dem Begriff machen.

ARTIKEL, DER – DIE – DAS

Um zusammen mit den Vokabeln gleich den richtigen Artikel zu lernen, der in einer anderen Sprache durchaus ein anderes Geschlecht haben kann als im Deutschen (Französisch le/la), werden folgende Dinge zu der Vokabel als Bild assoziiert:

Maskulinum: ein Hund → *der*

Femininum: eine Katze → *die*

Neutrum: ein Ei → *das*

Ruft man sich später die Vokabel als Bild ab, kann man sich über die abgebildete Eselsbrücke gleich an den zugehörigen Artikel erinnern.

Beispiel: La Luna
Die Mond → es geht eine Katze im Mondschein spazieren

LERNFÄCHER

Kennen Sie diese Eselsbrücke:
Mein Vater erklärt mir jeden Samstag unseren Nachthimmel [58]

In diesem Satz verstecken sich die acht Planeten, die man über die Anfangsbuchstaben eines jeden Wortes erkennen kann:

Mein → Merkur
Vater → Venus
erklärt → Erde
mir → Mars
jeden → Jupiter
Samstag → Saturn
unseren → Uranus
Nachthimmel → Neptun

[58] Ja, als Pluto noch ein Planet war, lautete der Satz anders...

Mit solchen Eselsbrücken kann man Allgemeinwissen hirngerecht dauerhaft verankern. Wenn man Wort- und Bildassoziationen mit Lernstoff verbindet und dabei eine gehörige Portion „Unsinn" verarbeitet, freut sich das Gehirn und erleichtert einem den Zugang zu abgespeicherten Informationen. Diese Mnemotechnik kann man mit kleinen Kindergartenkindern schon sehr gut und mit viel Spaß trainieren. Mit der Zeit wird diese Technik für die Kinder zu einem gern benutzten Werkzeug und sie entwickeln sich selbst eigene Merksätze, wenn sie sich etwas partout nicht merken können.

Mnemotechnik ist tatsächlich nur dazu da, einem weiter zu helfen, wenn man etwas von alleine einfach nicht behalten kann. Sie dient sehr gut zum Behalten von Namen und Zahlen wie Telefonnummern und Geburtstagen, kann aber auch für alle anderen Dinge, die man sich merken möchte oder muss, herangezogen werden.

Meine Empfehlung ist das Lernprogramm von Gregor Staub. In ungefähr 30 Stunden, die Sie in kleinen Einheiten von ca. 15 Minuten über einen Zeitraum von ein paar Wochen verteilen können, lernen Sie mit Hilfe seines CD-Trainers Ihr Gehirn auf ein erfolgreiches Gedächtnis in den Bereichen zu programmieren, die Ihnen wichtig sind. Ein Buch alleine ist nicht ausreichend. [59] Diese Technik muss man live in einem Vortrag oder semi-live über CD erleben.

Klicken Sie mal rein: www.gregorstaub.com

59 Wenn Sie Hunger haben, reicht es ja auch nicht, dass Sie sich eine Speisekarte vorlesen.

WOCHENTAGE

Am Himmel siehst du den Mond  *Montag*

Zu dem fliegt ein kleiner Dinosaurier  *Dienstag*

Und landet genau auf seiner Mitte  *Mittwoch*

Plötzlich donnert es und der kleine Dinosaurier grinst – es hat nicht gedonnert, sondern er hat gepupst  *Donnerstag*

Wegen des Krachs fliegen alle Sterne davon und der ganze Himmel ist frei  *Freitag*

Aus der Ferne siehst du etwas anschweben, es ist ein großes Salzkorn  *Samstag*

das sich in eine Sonne verwandelt und strahlt. 60  *Sonntag*

60 Das ist eine meiner eigenen Geschichten.

KONTINENTE

Mit Kindern habe ich die Weltkarte mit den fünf Kontinenten gewählt, um sie altersgerecht aufzubereiten. Die Kinder sollten Begriffe nennen, die ihnen zu den einzelnen Kontinenten eingefallen sind.

- Ein Indianer und eine Kuh in Nord- und Südamerika
- Ein Euro in Europa
- Ein Elefant in Afrika
- Ein Chinese in Asien
- Ein Känguru in Australien
  Dazu kamen noch ein Eisbär am Nordpol und Pinguine am Südpol.

Wenn man dies auf ein Tuch, das auf dem Boden liegt, zeichnet, können die Kinder zunächst die Welt mit ihren Kontinenten ablaufen und so mit dem gesamten Körper erfassen. Dann kann das Tuch so mit einem Klettverschluss zusammen geheftet werden, dass ein Kind darin Weltkugel spielen kann. Jetzt werden auch die Himmelsrichtungen einbezogen – Nord und Süd sind eindeutig, Westen und Osten richten sich nach dem Standpunkt des Betrachters. In einem weiteren Schritt wird die Weltkarte an die Wand geheftet und so weiter abstrahiert.

Auch in höheren Klassen kann man diese Mnemotechnik sehr gut einsetzen. Lesen Sie sich folgenden scheinbar sinnlosen Merksatz mehrmals durch. Lassen Sie dabei ein inneres Bild zu den Situationen entstehen und verbinden Sie alles, wenn Sie möchten, mit einer Handbewegung.

DIE HÄUSER IN LÜBECK

> *Da sind ein paar Häuser in Lübeck. Aus einem Keller kommt ein Mann mit einem Hai unter dem Arm und verschwindet im Nebel. Ja, das sieht scheel aus! Jetzt kommt ein englisches Auto angefahren. Der Fahrer steigt aus, geht in die Mühle und sackt Weizen ein. Den Weizen bringt er dann zum Herzog. Der hatte etwas anderes erwartet und wird rau und ruppig. Er wollte doch Kohle.*

Ich weiß, es mutet etwas komisch an, diese Sätze mehrmals zu repetieren und dabei noch geeignete Handbewegungen zu machen. In meinen Vorträgen mache ich dies über eine Stunde verteilt ca. 5 Mal mit Unterbrechungen und ernte dafür staunende bis belustigte Blicke, die ich gerne entgegennehme.

Und nun zur Auflösung:

Zum Lernen der deutschen Bundespräsidenten bzw. der Bundeskanzler habe ich mir diese Merksätze einfallen lassen. In Kombination mit passenden Handbewegungen werden die Personen der Reihenfolge nach einfach gemerkt. Natürlich ist Vorwissen erforderlich. Zum Beispiel sollte man wissen, dass Herr Kohl Bundeskanzler war und Herr Köhler in die Riege der Präsidenten einzuordnen ist. Der Merksatz dient also dazu, vorhandenes Wissen gezielt in richtiger Reihenfolge zu verwalten und leicht abrufen zu können.

DIE DEUTSCHEN BUNDESPRÄSIDENTEN

Da sind ein paar *HÄUS*er → *HEUSS*

in *LÜB*eck. → *LÜBKE*

Aus einem Keller kommt ein *MANN* mit einem *HAI* unter dem Arm und verschwindet im *NE*bel. → *HEINEMANN*

Ja, das sieht *SCHEEL* aus! → *SCHEEL*

Jetzt kommt ein *ENGLISCHES AUTO* angefahren, [61] → *CARSTENS*

[61] englisch für Auto = car CARstens

der Fahrer steigt aus, geht in die Mühle und *SACKT WEIZEN* ein. → *VON WEIZSÄCKER*

Den Weizen bringt er dann zum *HERZOG.* → *HERZOG*

Der hatte etwas anderes erwartet und wird *RAU* und ruppig. → *RAU*

Er wollte doch *KOHLE.* → *KÖHLER*

Und weil es so schön war, gehen Sie doch den folgenden Text genau so durch wie den mit den Bundespräsidenten. Vielleicht erraten sie ja seine Bedeutung. Und nun viel Spaß:

Da steht ein Mann und sagt: “Ade, ich geh´!“
Er dreht sich um und wird ganz hart.
Hart wie Kies.
Der Kies gerät in Brand.
Da kommt ein Schmied angelaufen und will löschen.
Doch es ist zu spät, alles ist verkohlt.
Das sieht schrecklich aus, öder?
Man spielt nicht mit Feuer. Merkelt euch das!

Ich denke, das war einfach. Wenn Sie dennoch ins Grübeln gekommen sein sollten, finden Sie im Anhang die Auflösung.

SPORT

Um alle Lerntypen zu erreichen, müssen auch sportliche Übungen mit allen Sinnen erfahren werden.

- → Der auditive Schüler braucht eine detaillierte verbale Instruktion, um die gestellte Aufgabe zu verstehen.
- → Der visuelle Schüler muss sich ein inneres Bild der Aufgabe machen können und wird am einfachsten einen Zugang über eine Metapher erhalten „Stell dir vor, du bist ein nasser Sack und fällst langsam vornüber!“
- → Der kinästhetische Schüler legt am Liebsten gleich los und versucht alleine sein Glück.

Im Sportunterricht kann die Einteilung in die sechs Denktypen herangezogen werden bzw. bei Bedarf auf den Schüler ausgerichtet sein, der auch nach mehrmaligem Erklären die Übung nicht verstanden hat und umsetzen kann.

KAV

KAV – (machen – verstehen – sehen)

Der Schüler möchte

- zunächst selbst ausprobieren,
- dann eine mündliche Erklärung und
- erst zum Schluss über Bilder oder Vormachen einen visuellen Zugang bekommen.

Beispiel: Purzelbaum

- Zunächst möchte der Schüler selbst in Ruhe die Bewegung auf der Matte ausprobieren.
- Dann kann zum Feinschliff eine mündliche Erklärung über den genauen Bewegungsablauf, wo die Hände aufgesetzt werden, wie der Kopf aufgesetzt wird, erfolgen.
- Zuletzt schaut sich der Schüler gerne den Bewegungsablauf bei anderen an.

KVA

KVA – (machen – sehen – verstehen)

Der Schüler möchte

- zunächst selbst ausprobieren,
- dann etwas gezeigt bekommen und
- erst zum Schluss weitere mündliche Erklärungen bekommen.

Beispiel: Purzelbaum

- Zunächst möchte der Schüler selbst in Ruhe die Bewegung auf der Matte ausprobieren.
- Dann sollte ihm der Bewegungsablauf vorgemacht werden, so dass er ihn ansehen kann.
- Erst zum Schluss ist der Schüler offen für eine verbale Instruktion, bei der die Wortwahl im kinästhetisch/bildlichen Bereich „Setz die Arme so auf, ich zeig es dir!“ sein sollte.

AKV – (verstehen – machen – sehen)

AKV

Der Schüler möchte

- zunächst genaue verbale Instruktionen,
- dann selbst ausprobieren
- und erst zum Schluss etwas ansehen.

Beispiel: Purzelbaum

- Zunächst benötigt der Schüler verbale Anweisungen, die im auditiv/kinästhetischen Bereich liegen: „Hör mir zu, damit du verstehst, was du machen sollst. Du stellst die Hände ...!“
- Dann möchte er den Bewegungsablauf selber auf der Matte ausprobieren.
- Erst zum Schluss möchte er durch Vormachen einen bildlichen Eindruck des Bewegungsablaufes bekommen.

AVK – (verstehen – sehen – machen)

AVK

Der Schüler möchte

- zunächst genaue verbale Instruktionen,
- sich dann ein Bild von der Übung machen
- und erst zum Schluss selbst aktiv werden.

Beispiel: Purzelbaum

- zunächst benötigt der Schüler verbale Anweisungen, die im auditiv/visuellen Bereich liegen: „Hör mir zu, damit du siehst, was du machen sollst.“
- Dann möchte er die Übung ansehen.
- Und erst zum Schluss möchte er selbst ausprobieren.

VAK

VAK – (sehen – verstehen – machen)

Der Schüler möchte

- sich zuerst ein Bild von der Aufgabe machen,
- dann eine zusätzliche verbale Instruktion bekommen
- und zuletzt selbst aktiv werden.

Beispiel: Purzelbaum

- Zunächst möchte der Schüler sich durch Zusehen ein Bild von der gestellten Aufgabe machen.
- Dann möchte er dazu eine genaue verbale Anweisung bekommen, die in visuell/auditiven Wörtern gehalten ist. „Schau mal her, ich zeige dir den Ablauf, damit du den Purzelbaum auch richtig verstehst!" Die Kinder verstehen schnell bei Erklärungen in Wortbildern und Metaphern für Bewegungsabläufe, die nicht direkt vorgemacht werden können: „Schau, ich zeige dir, wo du deine Hände aufsetzt und dann den Kopf zur Brust nimmst, schau, so wie ich es mache und nun rollst du nach vorne wie ein Rad!"
- Und erst zum Schluss möchte er den Bewegungsablauf selbst durchführen.

VKA

VKA – (sehen – machen – verstehen)

Der Schüler möchte

- sich zuerst ein Bild von der Aufgabe machen,
- dann selbst ausprobieren und
- zuletzt mündliche Anweisungen bekommen.

Beispiel: Purzelbaum

- Zunächst möchte der Schüler sich durch Zusehen ein Bild von der gestellten Aufgabe machen.

- Dann möchte er die Bewegungsabfolge selbst ausprobieren.
- Und erst zum Schluss möchte er verbale Anweisungen bekommen, bei der die Wortwahl in seinem Lieblingskanal – visuell/kinästhetisch – gehalten sein soll.
  „Schau, ich zeige es dir: Du setzt die Hände so auf und …!“

KUNST

KAV – (machen – verstehen – sehen)

KAV

Der Schüler möchte

- zunächst selbst ausprobieren,
- dann eine mündliche Erklärung
- und erst zum Schluss über Bilder oder Vormachen einen visuellen Zugang bekommen.

Beispiel: Arbeiten am Speckstein

- Der Stein wird zunächst begriffen.
- Dann erfolgt eine mündliche Erklärung über die Vorgehensweise.
- Zuletzt wird gezeigt, wie der Stein bearbeitet wird und der Schüler gebeten, sich das Endergebnis bildlich vorzustellen.

KVA – (machen – sehen – verstehen)

KVA

Der Schüler möchte

- zunächst selbst ausprobieren,
- dann etwas gezeigt bekommen
- und erst zum Schluss weitere mündliche Erklärungen.

Beispiel: Arbeiten am Speckstein

- Der Stein wird zunächst im wahrsten Sinne des Wortes begriffen.
- Dann wird gezeigt, wie der Stein bearbeitet wird und ein inneres Bild des fertigen Kunstwerks visualisiert.
- Und zum Schluss werden weitere mündliche Anweisungen zur Korrektur, zum Überdenken gegeben.

AKV

AKV – (verstehen – machen – sehen)

Der Schüler möchte

- zunächst genaue verbale Instruktionen,
- dann selbst ausprobieren
- und erst zum Schluss etwas ansehen.

Beispiel: Arbeiten am Speckstein

- Zunächst wünscht der AKV-Lerner eine mündliche Einweisung darüber, was gemacht werden soll.
- Danach wird der Stein selbst begriffen und mit der Arbeit begonnen. Eventuell wird dabei im Selbstgespräch oder mit anderen besprochen, was gemacht werden kann.
- Zum Schluss ist der Schüler offen dafür, gezeigt zu bekommen, was der Stein an Eigentümlichkeiten birgt und wie sie herausgearbeitet werden können. Dabei kann in diesem Stadium von ihm verlangt werden, seine Gedanken und Pläne in einer Skizze, die nicht unbedingt schön sein wird, aufzuzeigen.

AVK – (verstehen – sehen – machen)

AVK

Der Schüler möchte

- zunächst genaue verbale Instruktionen,
- dann etwas gezeigt bekommen oder selbst zeigen
- und zum Schluss mit der Arbeit beginnen und selbst ausprobieren.

Beispiel: Arbeiten am Speckstein

- Zunächst wünscht der AVK-Lerner eine mündliche Einweisung dazu, was gemacht werden soll.
- Dann wird die Vorgehensweise vorgemacht, ein inneres Bild des fertigen Kunstwerks visualisiert und eventuell auf Papier gezeichnet.
- Zum Schluss erst wird der Stein begriffen und mit dem eigentlichen Arbeiten am Stein begonnen.

VAK – (sehen – verstehen – machen)

VAK

Der Schüler möchte

- sich zuerst ein Bild von der Aufgabe machen,
- dann darüber sprechen, um evtl. Missverständnissen vorzubeugen und ein klareres Bild zu bekommen,
- dann erst selbst an dem Stein arbeiten.

Beispiel: Arbeiten am Speckstein

- Zuerst wird durch Vormachen gezeigt, wie der Stein bearbeitet wird und der Schüler kann ein inneres Bild des fertigen Kunstwerks erstellen und zu Papier bringen.
- Dann möchte er in Diskussionen, teilweise auch im Selbstgespräch, weitere Anweisungen und Ideen erhalten.
- Erst zum Schluss wird er mit dem inneren Bild des Endproduktes selbst am Stein arbeiten.

VKA

VKA – (sehen – machen – verstehen)

Der Schüler möchte

- sich zuerst ein Bild von der Aufgabe machen,
- dann selber ausprobieren und
- zuletzt mündliche Anweisungen bekommen.

Beispiel: Arbeiten am Speckstein

- Zuerst wird durch Vormachen gezeigt, wie der Stein bearbeitet wird. Der Schüler kann ein inneres Bild des fertigen Kunstwerks erstellen und zu Papier bringen.
- Dann wird der Stein wird mit den Händen begriffen, um das Bild des Steins zu verfeinern.
- Zum Schluss können weitere mündliche Anweisungen zur Korrektur, zum Überdenken gegeben werden.

Das Denken und Lernen ist so mannigfaltig, wie es Menschen auf der Erde gibt. Mit dieser Auflistung habe ich versucht, die Hauptdenktypen in ihrer Lernweise zu beschreiben. In der Realität kann, darf und wird es passieren, dass auch ein starker AKV-Denker sehr gute Rechtschreibergebnisse erzielt oder ein AVK-Denker ein Naturtalent in seiner Sportart ist. Dennoch glaube und hoffe ich, dass diese Einteilung zusammen mit dem Wissen aus den vorangegangenen Kapiteln eine gute Hilfe sein kann, das eigene Denken oder das eines Schülers in seiner Grundstruktur zu erkennen und das Lernen und Lehren an dieser auszurichten.

Teil 7

SCHLUSSGEDANKEN

ELTERN UND SCHULE: GEMEINSAMES FÖRDERN UND FORDERN

Ich hoffe, Sie haben bei der Lektüre des Buches viele spannende Aha-Momente gehabt und einleuchtende Ach-deshalb-Erklärungen für Ihre eigenen Erfahrungen mit dem Lernen gefunden.

Die meisten Menschen, auch die als enorm schlau eingestuften, benutzen nur einen kleinen Teil ihres Gehirns als wirklich effizienten Denkapparat. Wir alle haben mit den Augen, den Ohren, dem Mund, der Nase und unseren Händen fünf Sinne jederzeit zur Verfügung. Wirklich genutzt werden aber von den meisten Menschen in der Regel nur zwei. Die anderen drei Sinne werden wenig benutzt oder verkümmern gar – jetzt haben Sie einige neue Werkzeuge in der Hand, dem entgegenzusteuern.

Die Schule, wie sie jetzt verstanden wird, ist noch zu sehr ein Ort der reinen Wissensvermittlung anstatt ein Ort der Persönlichkeitsbildung. Es wird weniger gelehrt, gewitzt zu sein und vor dem Hintergrund des bereits erworbenen Wissens eigene Lösungsstrategien zu entwickeln, als dass verlangt wird, ein gegebenes Programm zu erlernen und stupide anzuwenden. Anstatt zu sagen: „Das ist das Problem – löse es!“, wird gesagt: „Wenn ihr das und das Problem habt, müsst ihr es so und so lösen!“

Auf der anderen Seite kann die Schule nicht der alleinige Ort des Lernens sein. Ich habe mir mal den Spaß erlaubt zu berechnen, wie viel Zeit ein Kind im Unterricht verbringt und bin auf ein interessantes Ergebnis gestoßen. Dabei bin ich von folgenden Annahmen ausgegangen:

Ein Schüler hat ca. 15 Stunden Wachzeit, durchschnittlich anzunehmende 9 Stunden Schlaf werden nicht mitgerechnet.

190 Tage Unterricht im Jahr mit durchschnittlich 7 Schulstunden Unterricht (in der Regel sind es viel weniger). Das macht in Zeitstunden: 5 Stunden 15 Minuten Unterricht.

365 Tage x 15 Wachstunden ergeben 5475 Wachstunden im gesamten Jahr. Diese werden als 100 % angesetzt. Das wäre die gesamte zum Lernen zur Verfügung stehenden Zeit.

190 Schultage x 5 Stunden und 15 Minuten Unterricht ergeben mit 997,5 Stunden die Zeit, die die Kinder tatsächlich im Unterricht verbringen.

Rechnung:

5475 = 100% *997,5 = ?*

? = 997,5 x 100 : 5475 *? = 18,22%*

Schüler verbringen nach dieser Rechnung 18,22 % von ihrer Wachzeit im Unterricht und 81,78 % außerhalb des Einflusses der Lehrerschaft. Das sollte man bei jeder Diskussion im Hinterkopf behalten. Es zeigt, wie wichtig es ist, den Kindern Instrumente an die Hand zu geben, wie sie das Lernen selbst mit Freude meistern.

Kinder sollen die Freiheit bekommen, ihr schulisches Lernen nach ihrem Typ auszurichten. Es bringt nichts, alle Schüler mit Musik zu berieseln, wenn dies lediglich einige wenige Kinder in die konzentrierte Phase bringt, andere jedoch in einen sanften Tagtraum dirigiert. Auch ist Bewegung nicht für jeden das Allheilmittel für gute Zensuren. Aber wem sie hilft, der soll sich nicht angebunden fühlen. Und zwischendurch einmal eine belebende Tagtraumphase ist für jeden gut. Ich hoffe, durch dieses Buch bei vielen Menschen dazu beitragen zu können, die verschiedenen Arten des Lernens und Lehrens zu überdenken und letztlich mit Freude gehirn- und kindgerecht anzuwenden.

ANHANG

MÖGLICHE ANTWORTEN ZUM KAPITEL: SPRACHLICHE ÜBERSETZUNGEN SINNESSPEZIFISCHER AUSDRÜCKE

„Ich habe es kapiert!"
auditiv: „Ich habe verstanden."
visuell: „Ich sehe es auch so. Ich blicke es."
kinästhetisch: „Ich habe es begriffen."

„Ich kann jemanden nicht leiden!"
auditiv: „Wenn ich den schon höre."
visuell: „Wenn ich den nur sehe."
kinästhetisch: „Ich finde ihn zum Kotzen."

„Etwas ist ungewohnt!"
auditiv: „Das hört sich komisch an."
visuell: „Das sieht komisch aus."
kinästhetisch: „Dabei habe ich ein komisches Gefühl."

„Die Party war toll!"
auditiv: „Die Party war der Hit – super Stimmung."
visuell: „Die Party war genial – super Umgebung."
kinästhetisch: „Die Party war toll – super Atmosphäre."

AUFLÖSUNG DES SCHÜTTELTEXTES

Der große Bär wollte die kleine Biene fangen, damit sie ihm den Honig zeigt. Aber die Biene war viel schneller und flog dem Bären davon. Da war der Bär ein bisschen traurig und verkroch sich in seine Höhle zum Schlafen. Nach einer Weile aber wurde er durch einen tollen Duft in der Nase geweckt. Jemand hatte ihm einen ganzen Eimer mit Honig vor die Bärenhöhle gestellt. Wie froh er nun war!

AUFLÖSUNG DES MNEMOTECHNIK MERKSATZES

Die Deutschen Bundeskanzler

Da steht ein Mann und sagt: "Ade, ich geh´!"	*Adenauer*
Er dreht sich um und wird ganz hart.	*Erhard*
Hart wie Kies.	*Kiesinger*
Der Kies gerät in Brand.	*Brandt*
Da kommt ein Schmied angelaufen und will löschen.	*Schmidt*
Doch es ist zu spät, alles ist verkohlt.	*Kohl*
Das sieht schrecklich aus, öder?!	*Schröder*
Man spielt nicht mit Feuer. Merkelt euch das!	*Merkel*

LÖSUNG DER AUFGABE ZUR 1. BINOMISCHEN FORMEL

Welche Bedingung muss vorliegen, damit gilt:
$(a + b)^2 = 4\ a^2$

Machen wir uns ein Bild:

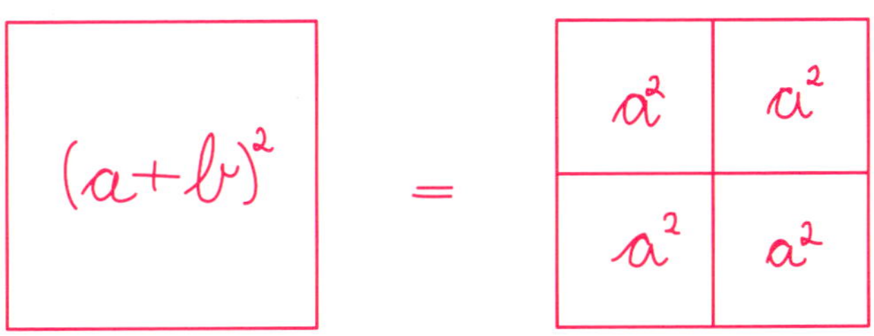

Es muss die Bedingung: $a = b$ vorliegen!

LITERATURVERZEICHNIS

Benutzte und weiterführende Werke
DENKEN, LERNEN, SCHULE ALLGEMEIN:

Arnold, Ellen:
Jetzt versteh' ich das! Bessere Lernerfolge durch Förderung der verschiedenen Lerntypen.
Mülheim: Verlag an der Ruhr, 2007.

Kohl, MaryAnn F. und Potter, Jean:
Malerisches Lernen. Durch Zeichnen und Basteln zum Entdecken und Erforschen.
Mülheim: Verlag an der Ruhr, 2002.

Liebertz, Charmaine:
Das Schatzbuch ganzheitlichen Lernens: Grundlagen, Methoden und Spiele für eine zukunftsweisende Erziehung.
München: Don Bosco Verlag, 2005.

Markova, Dawna:
Die Entdeckung des Möglichen: Wie unterschiedlich wir denken, lernen und kommunizieren.
Kirchzarten: VAK Verlag, 1993.

Markova, Dawna:
Wie Kinder lernen: Eine Entdeckungsreise für Eltern und Lehrer.
Kirchzarten: VAK Verlag, 2002.
Auch wenn sie mitunter etwas theoretisiert die Welt des Denkens beschreibt und ich nicht immer voll mit ihr konform gehe, sehr empfehlenswert!

Markova, Dawna und Powell, Anne R.:
Hausaufgaben ohne Stress.
Berlin: Urania-Ravensburger, 2000.

Robischon, Rolf:
Lernen ist wie Netze spinnen.
Buxtehude: AOL-Verlag, 2002.

Spitzer, Manfred:
Vorsicht Bildschirm! Elektronische Medien, Gehirnentwicklung, Gesundheit und Gesellschaft.
Stuttgart: Klett, 2005.

Sunbeck, Deborah:
Was die 8 möglich macht: Laufend neue Aufgaben lösen.
Kirchzarten: VAK Verlag, 1998.

MATHEMATIK:

Franke, Marianne:
Didaktik der Geometrie.
Heidelberg: Spektrum Akademischer Verlag, 2000.

Lorenz, Jens Holger:
Kinder entdecken die Mathematik.
Braunschweig: Westermann, 1999.

DEUTSCH:

Buchner, Christina:
Lesenlernen mit links… und rechts, gehirnfreundlich und ohne Streß: Bilder, Geschichten, Ideen für Lehrer,

Eltern und Therapeuten.
Kirchzarten: VAK Verlag, 2006.

SEHEN LERNEN DURCH ZEICHNEN LERNEN:

Edwards, Betty:
Das neue Garantiert zeichnen lernen.
Reinbek: Rowohlt, 2007.
Detailgenauer Zeichenunterricht ab dem ersten Schuljahr. Zehn Minuten täglich ohne Benotung und die Schwierigkeiten der von Natur aus nicht-visuellen Schüler mit inneren Bildern wären verschwunden…

BEZUGSQUELLEN

Sensory

Thomas Albiez
Krokusweg 3, D-71287 Weissach-Flacht
www.sensory.de

Schüttelbox, Doppelwürfel und mehr

Lehrmittelverlag Torsten Schmidt
Jahnstraße 36 a, D-25358 Horst/Holstein
www.schmidt-lehrmittel.de

Staub mega memory® Gedächtnistraining

Gregor Staub
Im Chapf 4, CH-8703 Erlenbach
www.gregorstaub.com

Der kleine Verlag

Der Fachverlag für pädagogische Spiele
und Lernhilfen für alle Sinne
Gabriele Wunderlich
Osterwiese 6, D-21409 Embsen OT Oerzen
www.der-kleine-verlag.de

WORTERKLÄRUNGEN

BINOMISCHE FORMEL	Formel aus der Mathematik $(a + b)^2 = a^2 + 2ab + b^2$
DENKTYPEN	
→ auditiv	Informationen werden über das Hören aufgenommen und über das Sprechen weitergegeben.
→ gustatorisch	Informationen werden über den Geschmack aufgenommen und verarbeitet.
→ kinästhetisch	Informationen werden über Bewegung und Emotionen aufgenommen und verarbeitet.
→ olfaktorisch	Informationen werden über Gerüche aufgenommen und verarbeitet.
→ visuell	Informationen werden über Bilder aufgenommen und verarbeitet.
KÖRPERLISTE	Hilfsmittel zur Erinnerung.
MIND MAP	Gedankliches Bild zur Erinnerung.
MIND MOVE	Innere Bewegung zur Erinnerung.
MIND TALK	Innere Stimme zur Erinnerung.

MISCHTYPEN DES DENKENS

→ VAK	visuell – auditiv – kinästhetisch
→ VKA	visuell – kinästhetisch – auditiv
→ AVK	auditiv – visuell – kinästhetisch
→ AKV	auditiv – kinästhetisch – visuell
→ KAV	kinästhetisch – auditiv – visuell
→ KVA	kinästhetisch – visuell – auditiv
MNEMOTECHNIK	Altgriechische Technik, um die Erinnerungsfähigkeit zur verbessern.
PYTHAGORAS	Formel aus der Mathematik $a^2 + b^2 = c^2$
RECHTE / LINKE GEHIRNHÄLFTE	Hypothetisches Konstrukt, das verschiedene Tätigkeiten oder Themengebiete bevorzugt der rechten oder linken Gehirnhälfte zuordnet.

DANKSAGUNG

Danken möchte ich zuerst Jochen, der meinen Ur-Text wie erwartet auf Herz und Nieren geprüft und mit in die Tiefe gehenden Fragen und Einschätzungen bereichert hat. Danke!

Dank gilt natürlich meinen Eltern, die während meiner eigenen Schulzeit meinen auditiv-kinästhetischen Lernstil und seine Eigenheiten vielleicht nicht immer voll verstanden, mich aber immer unterstützt haben. Hier zeigt sich der Unterschied von Verstehen und Verständnis haben. Danke!

Großen Dank an meine Schwester Angela, die mich nicht nur bei diesem Projekt unablässig unterstützt, Korrektur liest und viele wichtige Tipps aus der Schule für mich hat. Danke!

Natürlich danke ich an dieser Stelle auch Britta, die meine Arbeit mit ihren Einschätzungen zum Leben immer positiv beeinflusst. Ich danke dir!

Weiterer Dank an alle Lehrer, Eltern und Erzieherinnen, die meine Seminare besucht und mir ständig wichtiges Feedback gegeben haben.

Und natürlich auch an alle Kinder, die mir ihre Art des Denkens bereitwillig zeigen und mit großen Augen entdecken, dass sie nicht nur in ihrer Art zu denken einzigartig sind.

ÜBER DIE AUTORIN

Ruth Meinhart war von 2002–2004 an der DSB-International-School in Bombay/Indien als Lehrerin für Deutsch als Fremdsprache (DaF) im englischen Zweig tätig. Seit 2005 ist sie in Deutschland als Referentin für verschiedene Fortbildungsinstitute tätig. Sie hält Vorträge und gibt Bildungsseminare und Fortbildungen für ErzieherInnen, Eltern und LehrerInnen in deutscher und englischer Sprache.

www.gedankensprungverlag.de

INDEX

F

G

H

I

K

L

M

P

R

S

T

U

V

W

Copyright:	Gedankensprungverlag Ruth Meinhart Vogelsangweg 4 72401 Haigerloch www.Gedankensprungverlag.de
Lektorat:	Ulrike Hensel; www.ko-aktiv.de Susanna Just; www.lektoratundtextbuero.de
Illustrationen:	Florine Kammerer, www.florinekammerer.de
Typografie und Satz:	Florine Kammerer
Gesamtherstellung:	RoeslerDruck, Schorndorf www.roeslerdruck.de
Schrift:	DIN, Garamond
ISBN:	978 – 3 – 941225 – 01 – 5

Bibliographische Information der Deutschen Bibliothek: Die Deutsche Bibliothek verzeichnet diese Publikation in der Deutschen Nationalbibliografie; detaillierte bibliografische Daten sind im Internet unter http://www.d-nb.de abrufbar.